人事変革ストーリー

個と組織「共進化」の時代

高倉千春

光文社新書

はじめに

自己紹介の代わりに、私のキャリアについて少しお話ししたいと思います。

40年前、大学を卒業したときは男女雇用機会均等法施行の前でした。当時、女性の就職先は限られていて、サポート業務ではなく本格的に働きたいと考えていた私は、「せっかく働くのであれば、国のために働きたい」と思い、短期間働いた民間企業を辞め、公務員の道を選びました。

農林水産省に入省したのは1983年のことです。当初は経済局の国際部という部署に配属されたのですが、しばらくしてチャンスが訪れました。それは、牛肉・オレンジの輸入自由化をめぐる日米の交渉。所管の国際経済課に異動して日米交渉の場を間近で見ることができたのが、私の視野を大きく広げてくれました。

詳しくは本文に譲りますが、私はその後の自分のキャリアのことも考え、ＭＢＡを取得するためにアメリカ留学を決意しました。そしてＭＢＡを取得した後、コンサルティング会社を経て、複数の外資企業で人事の仕事に携わり、その後は一転して日本企業でグローバル戦略や新規事業の推進を踏まえた人事制度の改定を推進する役割を担わせていただきました。

そして、キャリアの最終フェーズに入り、自ら独立して起業したいと考え、新たなスタートを切ったところです。

自分自身のキャリアを振り返ると、まず、20代の農林水産省勤務時代は、当時成長ステージにあった日本が貿易不均衡から農産物輸入を迫られた日米通商交渉の事務方を経験することで、貴重なマクロ視点を蓄積できたと考えています。その後の留学を経て、30代になってからは、戦略コンサルティング会社でビジネス全体を俯瞰する思考を得ました。

40代が見えてきた頃、どんなに素晴らしい戦略も「それを推進するには人材が重要だ」と考えて人事領域にキャリアを転じ、思い切って飛び込んだ外資企業では、外資特有の考え方を体得しました。さらに50代に入ってからは、将来のグローバル化と新規事業を模索する日本企業に入り、人事変革が持つ重要な役割についての深い考察とその実践をする経験を得ました。

私は約四半世紀にわたって外資企業と日本企業で人事の仕事に従事してきたのですが、自分自身の歩みを今振り返って思うのは、変化の激しいこれからの時代には、私たち一人ひとりが主役になり、学びと挑戦を繰り返し、互いに連携しながら事業や社会の課題に取り組んでいく必要があるということです。

最近、「適所適財」という言葉を耳にしたり目にしたりはしないでしょうか。適材適所ではなく、「適所適財」。実はこの人事のキーワードをつくったのは、私が理事・グローバル人事部長を務めていた味の素の人事チームのメンバーでした。

これも本文に詳しく書いているのでお読みいただきたいのですが、２０１０年代後半、世界的にビジネス展開する味の素は、グローバル人事制度において「適所適財」へのパラダイムシフトを打ち出しました。簡単に言えば、戦略上必要なポジション（適所）に最適なタレント（適財）を任用、登用していく、そういう動的な人財マネジメントへの転換を図ったのです。国内外合わせて約１２００のグローバル・キー・ポジションについてのジョブディスクリプションを作成し、そこに適財を割り当てていく方針を定めました。その結果、世界中から優秀な人財を探し出せるようになり、ダイバーシティの強さを出せるようになったのです。

従来は、「適所」をつくり、そこに入れられた「人」が自らそこに当てはまるように努力するのが常でした。しかし、これでは本人の能力や資質がマッチしなかったとき、求められるパフォーマンスを発揮することができません。変革のスピードが求められる中で、必要なポジション要件を特定し、その「適所」に対していかに適した「人財」を任用、登用するか。グローバル規模で「所」と「人」をマッチさせる必要があり、そのためには「所」を明確にするだけでなく「人」が自ら輝くように各自のキャリア上の志と強みとなる特性を明示していくことも重要となります。


では、多くの組織、特に日本の組織はどうでしょうか。よく見られるのは、「適所」が明確になっていても、「適財」が明確になっていなかったり、「人」も自ら自分を明確にしようとしなかったりするところです。正直に言うと、日本の組織風土にはまだまだ多くの課題があると感じています。

たとえば、私たちは仕事の場で自己主張がきちんとできているでしょうか。服装や働く場所に関する個人の選択の自由度は増しましたが、肝心な、自分の考えをきちんと発信できているでしょうか。私から見ると、やはりどこかで場の空気を妙に読んでいるように思います。それはリスクテイクを減らすための行動のように見え、日本の組織の危うさを感じます。組織でも、私を含めた人事のリーダーたちは今、個人が主役の時代であること、個人と企業は「選ぶ・選ばれる」関係であること、個人と社員はともに成長する存在であることを語り始めています。

ここで、経営学者として著名なピーター・ドラッカー氏の言葉を紹介したいと思います。

The purpose of an organization is to enable common people to do uncommon things.

普通の人が普通でないことをやり遂げることを可能にするのが組織の狙い、それが組織の醍醐味だということです。

最近のメディアを見ると、「ジョブ型雇用」「人的資本経営」「リスキリング」「キャリアオーナーシップ」「パーパス経営」「ウェルビーイング経営」など、主に人事関係の話題で毎日のように賑わっていますが、私は単なる流行で終わっていないか心配です。人事課題が注目されることは喜ばしいことですが、表面的に解決するだけでは意味がありません。個人が主役となる組織とは一体何なのか。その最重要観点を見失ってはならないのです。

天候の予測が難しい航海の中で、会社という船を持続可能な状態で運行し、乗組員である社員一人ひとりのやる気を引き出すためには、これまでと違う知恵が求められます。

私はこれまで、船が誤った方向に向かないように、そして乗組員である社員一人ひとりが活き活きと活躍できるように、紆余曲折を経ながらも人事制度の策定に邁進してきました。この私の経験が、これからを生きる人たちに少しでも役に立てば、あるいは人事や人材といったテーマを考えるうえで参考になればと思って本書の執筆を決意しました。

人事担当者だけでなく、将来に向けて新しい価値をつくり出そうと挑戦する気持ちを持った多くの方々の参考になれば幸いです。

人事は「旅（ジャーニー）」にたとえられるように、人の生き方に直結する深い内容をともなっています。本書で、変革のジャーニーにご一緒できれば幸いです。

それでは、出発しましょう。

人事変革ストーリー

目次

第２章　グローバルHRプロフェッショナルへの道
――外資系製薬会社・医療機器メーカーで学んだこと

第４章　ジョブ創出型企業の挑戦
――プロの仕事人たちのWell-being向上を目指して

第5章 組織変革への道のり

——日本企業の特性を踏まえたアプローチとは

序章

いま、企業人事は何を問われているのか

企業は「人財」をどう見てきたか

私はこれまで30年近く、企業人事に携わってきました。しかし、現在ほど人事・人財領域のテーマが注目されたことはなかったのではないかと思っています。

２０２０年９月、経済産業省に設置された「持続的な企業価値の向上と人的資本に関する研究会」（座長・伊藤邦雄一橋大学ＣＦＯ教育研究センター・センター長）の報告書、いわゆる「人材版伊藤レポート」が発表されました。

その中では、企業価値の主要な決定因子は有形資産から無形資産に移行しており、とりわけ「人的資本」による価値創造が企業価値創造の中核に位置する、との考え方が示されています。

さらに翌２０２１年からは、引き続き伊藤先生を座長として「人的資本経営の実現に向けた検討会」が開催され、その内容を受けた「人材版伊藤レポート２・０」が22年5月に発表されました。同レポートは、人的資本経営を実践していく際に参考となる「アイデアの引き出し集」の性格が強く、企業各社のさまざまな事例も盛り込まれました。

外資系企業や日本企業で、人事の実務や戦略人事、人事制度改革に携わってきた私は、この研究会・検討会の両方に委員として名を連ねました。検討会ではプレゼンテーションの機会もいただき、「労働市場との対話とこれからの人事——人的資本経営の実現に向けて」というテーマで問題提起をしました。

まずはその概略を述べるところから話を始めましょう。

初めに「人財観」の変遷について見ていきます。コンサルティングファームのウイリス・タワーズワトソンが発行するニュースレターのレポート（「エンゲージメント：back to basicsに」吉田由起子、岡田恵子、2019年10月16日）を部分的に援用しつつ、1980年代から90年代、2000年代にかけて、欧米企業の間で人財のとらえ方、自社の社員に対する見方がどのように変わっていったのかを振り返ります。

1980年代、欧米企業の間では、社員は「コスト（Our Highest Cost）」であるというとらえ方が一般的でした。経営の主要なテーマは「総人件費の適正化」であり、売り上げが思うように伸びなければ、コストを削って利益を出す、というのが経営者に課された使命でした。

私は1990年代の後半以降、ファイザーやノバルティスといった欧米企業の日本法人で人事の仕事に携わり始めましたが、その頃もこうした考え方はまだ色濃く残っていました。

ファイザーでは、二桁の利益率達成が見込まれない場合は、本社から「人件費を削るように」という指令が発せられ、現地法人ではローパフォーマー対策として、十分に成果が見られない社員に対しては改善プランを数年間実施してもらい、それでも改善しない場合は自ら「外部のポジション」を探るといった措置が取られました。実際、組織改編にともなって外部のポジションに転職するということも、よく見られました。当時の私も、人事の責任者として、そのようなメンバーが新たな職場に転じるサポートを、かなりの時間をかけてやっていました。

ただその一方で、90年代の欧米企業では、社員を「資産（Our Greatest Asset）」と見るとらえ方も広がっていきました。新たな経営テーマとして「人財に関するROI（投資収益率）の最大化」が浮上し、社員の能力向上や成長を図るため、各社が競い合うように教育・研修に投資し始めたのです。

たとえばファイザー本社では、この頃すでに、夏休みにハーバード・ビジネススクールを2週間ぐらい借り上げて、世界各地の現地法人から新任の役員を送り込むといった教育制度を確立していました。

ノバルティスでも、本社があるスイスに現地法人の幹部たちを呼び寄せて、リーダーシップ、経営戦略、コミュニケーションスキルなど、さまざまな実務研修を受ける機会を提供しており、私も在籍中に何度か受講しました。

それだけではありません。ファイザーやノバルティスでは、投資家に対して「新薬の開発にこれだけ投資しています」などと説明するだけでなく、「教育・研修にもこれだけお金をかけています」というふうに、優秀な幹部や社員の教育にかけた費用を開示し、そのリターンとして形成された人財パイプラインも、投資家に対して誇らしげに開示していました。これに対し、投資家の方から「育成したハイポテンシャル人財はその後どうなったのか。3年以内にツーランク、ポジションアップしたのか」といった厳しい質問を受けることもありました。

欧米企業の間で、タレントマネジメントやサクセッションプラン（後継者育成計画）作成といった人事施策が導入されていったのも、ちょうどこの時期に当たります。

ちなみに、企業の人財に対する投資額（OJT以外）を国際比較（対GDP比）した調査によれば、近年に至っても、日本企業の人財投資額は、欧米企業に比べてきわめて低い水準にとどまっています（**図表1**、次ページ）。このデータを見る限り、日本企業の「人財観」はまだまだかなり後れを取っています。

図表１　人材投資／GDPの国際比較

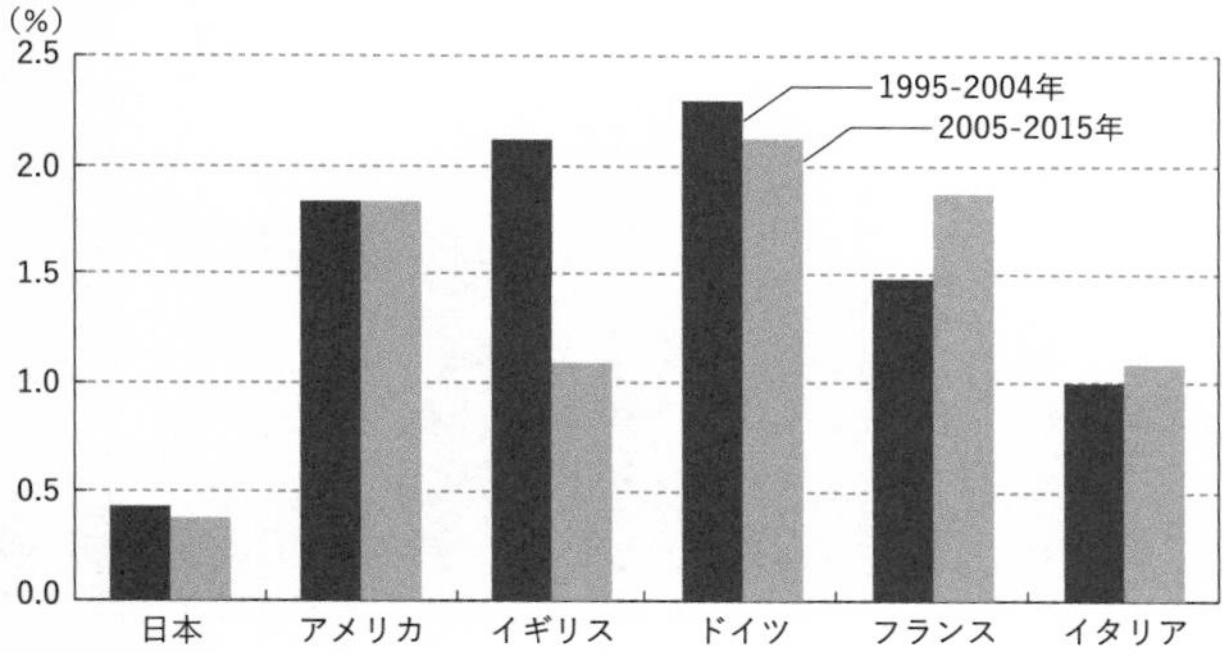

出所）日本生産性本部「生産性白書」(2020)。宮川努・学習院大学教授、滝澤美帆・学習院大学教授、宮川大介・一橋大学院准教授により作成。
データ出所）日本：JIP2018より計算、欧米：INTAN-Invest

話を戻しましょう。２０００年代以降、欧米企業の間で顕著になっていったのは、社員を「資本（Our Most Important Capital)」と見なすとらえ方です。

「資産」と「資本」はどう違うのか。私なりの解釈ですが、人財を資産としてとらえる場合、企業が重視するのは「今現在、タレントがそろっていること」です。「将来の事業展開を担える人財がわが社にはそろっている」「第一線のフィールドで優秀な人財が活躍しているだけでなく、ベンチでもたくさんの有望株が出番を待っている」。そんなふうに外部の投資家に対してアピールするのが、人財を経営における重要な資産と見るとらえ方です。

これに対し、人財を資本と見るとらえ方では、「動的な人財マネジメント」を重視します。なぜなら、世の中の先行きが不透明になり、企業の事業ポートフォリオが常に変化の波にさらされている時代においては、「今現在、タレントがそろっている」だけでは不十分だからです。

日常的な教育・育成を通じて内部人財をそろえておくのはもちろん、社内では育成が追いついていない人財を外部市場から獲得し、他社との業務提携によっても有用人財を確保する。諸事情で会社を辞めていったコーポレート・アラムナイ（企業同窓生）とのネットワークも維持して、再入社を希望する人がいれば迎え入れる。女性や外国人はもちろん、さまざまなバックグラウンドを持つ人財を積極的に登用してダイバーシティを推進する。

そんなふうにして、事業ポートフォリオを転換する際や新規事業を創出する際のドライバー（原動力）になりうる人的資本を常時生み出せるようにするわけです。もう少し言うと、まず将来の事業ポートフォリオに対して、その担い手である人財のポートフォリオを想定し、現在の人財とのギャップを明確にし、そして、その人財ギャップを埋めるために、計画的に内部人材育成、登用、外部人材抜擢で対応していく。これが動的人財マネジメント構築の基本であると、私は理解しています。

２０２３年春、私はアメリカ西海岸に赴いて、数々の変革に携わってきた人事の専門家たちと意見交換をしました。現地の専門家たちは、企業が新たな事業展開にスピーディに挑戦するためには常に人財ギャップを埋めておく必要があると真剣に考えており、そうした人事施策を「４Ｂ」と呼んでいます。「外部採用（Buy）」や「内部人財育成（Build）」に加えて、外部高度専門人財に契約社員としてプロジェクトに参画してもらう「Borrow（借りてくる）」や、「Bot（ボット）」つまりＡＩ（人工知能）やロボットを活用した施策も打ち出し始めています。

今後、人的資本経営を広げていくにあたっては、日本でも雇用形態の多様化は重要な検討課題となっていくでしょう。

日本人のエンゲージメントはなぜ低い？

ただ、ここで注意が必要です。なぜなら人的資本には、物的資本や金融資本といった他の資本要素とは大きく異なる点があるからです。言うまでもなく、それは「ココロ」を持っているということです。個々の社員に企業活動の主役になってもらうためには、そのココロに目配りをしなくてはなりません。多様な個の活躍が期待される時代においてはなおさらそうです。

学習院大学の守島基博教授は、人的資本ではなく、「人的資源」という用語を用いいつつ、近著で次のように指摘しておられます。

「人的資源とは厄介な資源である。モノ、カネ、情報、時間などの他の経営資源と違い、ココロをもっている。そして人は、ココロの状態によって、資源としての価値が違ってくる」「人はココロのありようによって、人材としての価値が高低する」（『全員戦力化』日本経済新聞出版、２０２１年）

つまり、企業は、社員それぞれのココロに火がついた状態になっているかどうかを常に把握しておく必要があるわけで、そのために欧米企業では「従業員エンゲージメント調査」を導入していったのです。日本でもエンゲージメント調査を実施する企業が増えていますが、外資系の日本法人ではすでに20年前から定期的に実施していました。

エンゲージメントとは、「自社に愛着を感じ、自発的に仕事に取り組む意欲を持っている状態」を指しており、以前の調査項目は「理解度（Think）」「共感度（Feel）」「行動意欲（Act）」の3要素から構成されていました。自社が進んでいく方向性をどのくらい「理解」

しているか、それに対してどのくらい「共感」をおぼえているか、自分自身はどのくらい主体的に「行動」しようとしているか、これら3要素のスコアが高ければ、その従業員のココロは火がついている状態だと判断されてきました。

ところが、憂慮すべきことに、日本人のビジネスパーソンは総じてエンゲージメントが低いという結果になる傾向があります。世界各国の従業員エンゲージメントを国際比較したアメリカのギャラップ社の調査（２０１７年）でも、日本は「エンゲージしている（Engaged）社員」の割合が６％で、これは１３９カ国中１３２位という結果でした。「エンゲージしていない（Not engaged）社員」は71％、「積極的にディスエンゲージしている（Actively Disengaged）社員」は23％を占めていました（**図表2**）。

実は似たような傾向はかつての外資系企業でも見られていて、日本法人で働く日本人社員のエンゲージメントスコアは、他の国や地域の法人で働く社員たちと比べて低く出ていました。

一体なぜなのか。よく持ち出されるのは、「日本人は真面目で控えめな国民性だから、調査の自己採点で高い点数をつけたがらない」といった理由です。しかし、本当にそうなのでしょうか。

図表 2　従業員エンゲージメントの国際比較

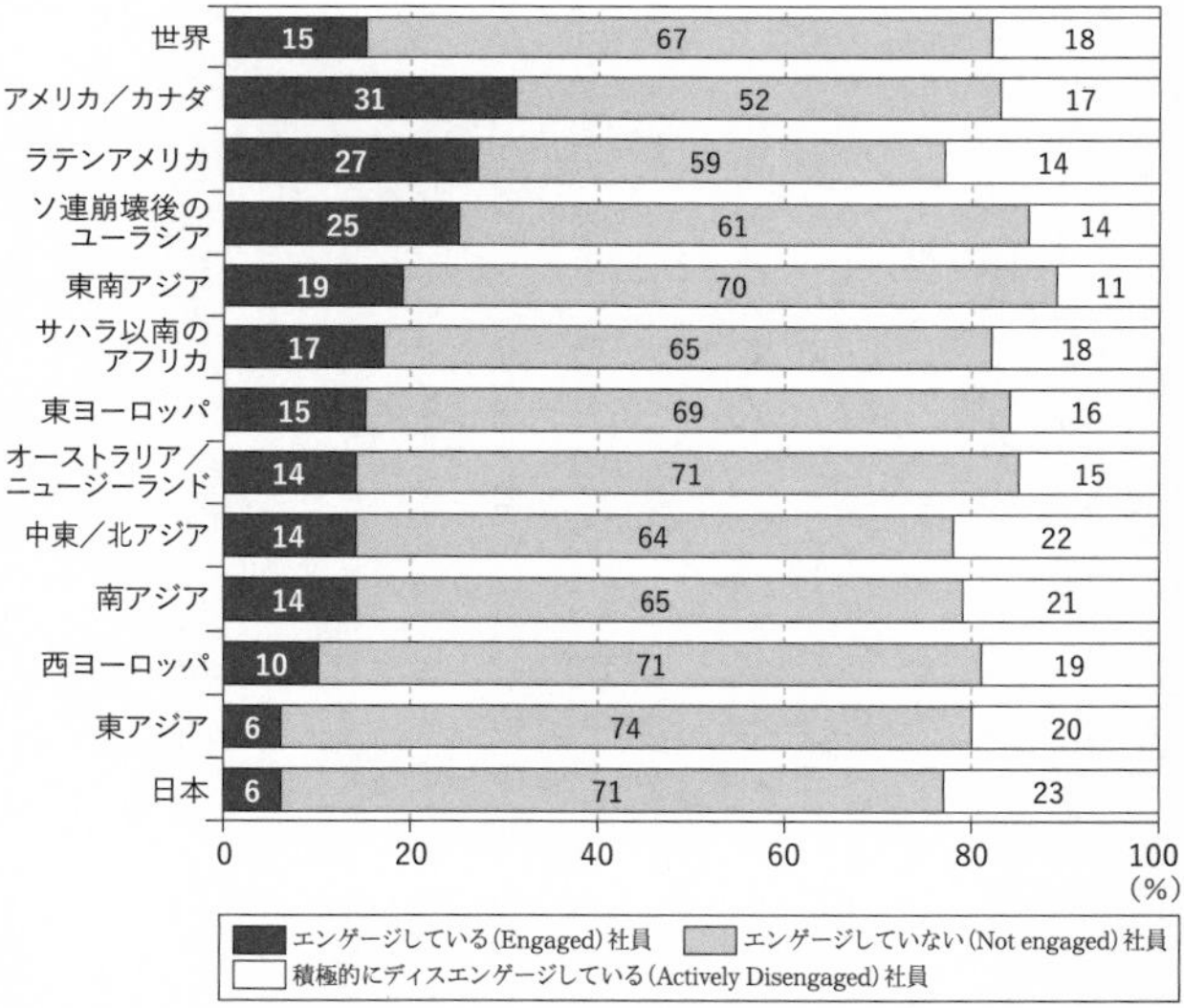

出所）State of the Global Workplace2017:GALLUP

エンゲージメントには大きく分けて、「組織で働く立場」で考えるエンゲージメントと「仕事をする個人」として考えるエンゲージメントがあります。本来はその両方のスコアが高いのが理想的なのですが、日本人の場合、組織に対するエンゲージメントのスコアはわりあい高く出る一方、仕事に対するエンゲージメントのスコアは低く出がちです。この乖離《かいり》が全体のスコアを押し下げている一因だというのが私の見方です。

どうして組織に対するエンゲージメントと仕事に対するエンゲージメントに差が生じているのかというと、おそらくそれには、日本人と企業の関係性が影響しているのでしょう。日本人は企業で働き始めることを「就職する」と言いますが、その実態は「就社」です。大半のビジネスパーソンは新卒で入った会社で職業人生を全うしますし、だから組織に対する愛着心は比較的強いのです。

その一方で、日本のビジネスパーソンの中には、会社から与えられた仕事の中身には満足していない人も多くいます。日本人でも執行役員クラスになると、仕事に対するエンゲージメントのスコアが高く出るようになりますが、ミドル層以下は「定期異動によって仕事がコロコロ変わる」とか、「やりたい仕事をやらせてもらえない」といった不満を大なり小なり抱えています。そんな中、仕事に対するエンゲージメントも組織に対するエンゲージメントも失ってしまった若者が3年で会社を辞めていく。これが、日本企業でしばしば見られる現象ではないかと思います。

では、欧米ではどうなのか。私が見るに、欧米人の場合は、組織で働く立場で考えるエンゲージメントと仕事をする個人として考えるエンゲージメントがシンクロする傾向があります。なぜなら彼ら彼女らは自身のプロフェッショナリティを活かせる仕事があるかどうかを考えて「就職」先を探し、いくつかの候補の中から、自分が最も貢献できそうな企業を選びます。だから、仕事に対しても組織に対してもエンゲージメントが自ずと高くなりますし、実際に働いてみて「この会社では自分のプロフェッショナリティを活かせない」と気づいた人は、自分の市場価値をさらに高めるために転職していきます。つまり、極端な言い方をすれば、もともとエンゲージメントの高い人しか組織に残らないとも言えますし、また、各自はプロとして、毎日、エンゲージメントを自ら高めて働く必要を感じているのだと私は考えます。

もっとも、欧米企業が社員のエンゲージメントに関して何も手を打っていないのかというと、そういうことはありません。先般訪問したたにアメリカ西海岸の企業では、社員が飼っているペットにも社員証を与えて、社員がオフィスに連れてくることを認めたり、コーヒーがとびきりおいしい店からバリスタを招いて、社内にカフェを開設したりして、社員それぞれが自身のエンゲージメントの向上を感じられる時間や空間を用意していました。

社員に「経験価値」を提供するために

エンゲージメントに関しては、近年、「持続可能なエンゲージメント（Sustainable Engagement）」という概念も注目され始めました。

前掲のウイリス・タワーズワトソンのレポートでは、これを「生産的な職場環境、心身の健康などによって維持される、目標達成に向けた高い貢献意欲や組織に対する強い帰属意識」と定義しています。

具体的には、従来のエンゲージメントの要素に、「Energize（エネルギーを持って仕事に取り組んでいる）」と、「Enable（自身の能力を発揮できている）」という二つのEを要素として加えたものです。たとえば、社員の健康に配慮することで生産性の向上を目指す「健康経営」は、社員のEnergizeを推進しようとする企業側の姿勢の表れでしょうし、充実したキャリア支援は、社員にEnableを実感してもらう施策の一つに当たります。

また今後、企業活動において「個」の主体性がますます重要になっていく中、企業側は新たな課題も突きつけられます。それは、「従業員経験価値（Employee Experience：エンプロイー・エクスペリエンス）」、つまり人的資本たる働き手にとって魅力的な経験や機会を提供できるかという課題です。

どういうことなのか、説明しましょう。

昨今、企業の存在意義や目的に軸を置く「パーパス経営」を標榜する企業が増えています。けれども、ここで気をつけておきたいのは、パーパスを持っているのは企業だけではなく、働き手である社員も個人としてのパーパス（職業観、価値観、キャリアビジョン）を持っているということです。

だから、企業が真剣にパーパス経営を目指すのであれば、社内で経営理念の浸透を図るなどして社員に自社のパーパスを共有してもらうだけでなく、自社のパーパスと社員個々のパーパスをすり合わせる必要も出てきます。これにより、社員が自社のパーパスの実現に貢献しながら、自分自身の個人パーパスを追求できるようになれば、その企業は社員に対して有益な経験価値を提供できていると言えます。

ただし、ここでもう一つ、注意が必要です。というのも、企業のパーパスと個人のパーパスは完全に一致するとは限らないからです。個人パーパスは往々にして企業パーパスからはみ出してしまいますし、その場合、企業側はどうやって社員の経験価値を高めていくのかが問われます。

この課題を解決するために企業側が講じるべき方策として、今のところ有効だと思われるのは、複業や兼業の解禁・奨励でしょう。

今年まで私が取締役CHRO（最高人事責任者）を務めていたロート製薬は、そういう方向に舵を切った企業の一つであり、会社のパーパスから個人のパーパスがはみ出している社員には、複業・兼業によって個人パーパスの実現を目指してもらっています。そうすれば、会社は社員に対して経験価値を提供できますし、社員が複業・兼業の実務を通じて習得した知識やスキルが結果的に自社に還元されます。また、社外で知見を広めた複業・兼業経験者は、他社との事業提携を進めていく際などにも、キーパーソンとして活躍する可能性があります。

複業・兼業や他社への出向、あるいはプロボノへの参加などを通じて得られる学びは「越境学習」と呼ばれます。法政大学の石山恒貴《のぶたか》教授らはこれを「ホームとアウェイを往還する（行き来する）ことによる学び」と定義しています（石山恒貴、伊達洋駆『越境学習入門』日本能率協会マネジメントセンター、２０２２年）。

個人にとって居心地のよい慣れた場所であるホームを出て、これまでの経験や常識が通用せず、異質な人たちが集まるアウェイの場所で違和感や葛藤を抱えながらも得た学びをホームに持ち帰って変化をもたらす。そういう力を発揮する社員を石山教授らは「冒険人材」と名づけており、イノベーションや組織変革の原動力になりうると述べています。

その意味では、ガソリン車から電気自動車（ＥＶ）への移行が進む中、２０２２年にソニーグループとホンダが提携して設立した合弁会社「ソニー・ホンダモビリティ」は、両社が相互の越境学習によって冒険人材を生み出そうとしている実例と言えるかもしれません。両社はそれぞれ、新会社への出向社員たちに対して「自社の枠組みを超えた経験価値」を提供しようとしているというふうな解釈も成り立ちます。

ＳＤＧｓネイティブのＺ世代

従業員経験価値の向上や個人パーパスの実現可能性は、企業の採用活動においても重要な意味を持ちます。なぜかというと、現在、新卒採用の主な対象となっている世代は、１９９

0年代中盤以降に生まれた「Z世代」に当たり、彼ら彼女らは社会的課題に非常に関心を持っている人たちだからです。

2021年、日本経済新聞社が、Z世代（19〜26歳）、Y世代（27〜41歳）、X世代（42〜56歳）、Xより上の世代（57〜69歳）がそれぞれ関心を持っている社会的課題の上位10項目を抽出したところ、Z世代では1〜3位は「年金問題」「貧困問題」「所得格差」であり、これらは他の世代も関心を持っている社会的課題でしたが、4〜7位には「人種差別」「飢餓・栄養不足」「ジェンダー不平等」「LGBTQ（性的マイノリティ）差別」といった他の世代には見られない課題がランクインしていました。

また、この調査で、「SDGs（持続可能な開発目標）や社会的課題への取り組みを行う企業に対する印象」について尋ねたところ、「好感が持てる」「積極的に製品・サービスを利用したいと思う」「その企業で働いてみたいと思う」の3項目に、「とても当てはまる」と答えた人の割合は、いずれもZ世代がY世代以上の人たちよりも高くなっていました。

幼い頃から日々の暮らしや学校教育を通じてSDGsの知識にふれ、「SDGsネイティブ」とも言われるZ世代は、このように環境問題や社会的課題を「自分ごと化」しており、同様の姿勢を企業に対しても求めているのです。

だとしたら、企業は、こうしたZ世代の特徴を踏まえて採用活動を進めなくてはなりません。その前提として、環境・社会・経済の持続的可能性に配慮することで事業の持続可能性の向上と、新しい企業価値の創出を図る「サステナビリティ経営」に本気で取り組み、Z世代の優秀層に訴求できるHRブランド戦略を立てていく必要もあります。そのうえで、自社のパーパスをしっかりと就活生に説明するとともに、就活生自身の個人パーパスに耳を傾け、企業として社員に提供できる経験価値もしっかり伝えていくべきでしょう。

日本企業は「ジョブ型」を真に活かせるか

さて、翻《ひるがえ》って現状はどうでしょうか。

ここ数年、企業人事の世界で最も話題を集めているテーマと言えば、「ジョブ型雇用」の導入でしょう。「メンバーシップ型からジョブ型へ」というスローガンもしばしば耳にします。

すでに常識になりつつありますが、改めて説明しておくと、このジョブ型・メンバーシップ型という概念は、もともと濱口桂一郎氏（独立行政法人 労働政策研究・研修機構労働政策研究所長）が提唱したものです。濱口氏は、職務や労働時間や勤務地が契約で限定されていない日本に特有な雇用システムを、「社員が共同体のメンバーになる」という意味合いでメンバーシップ型と呼び、職務や労働時間や勤務地があらかじめ契約で限定されていて、社員が「ジョブ（職務）」に就く、世界的には一般的な雇用システムを「ジョブ型」と呼んで対比しました。

わかりやすく言い換えるなら、「人に仕事を割り当てる」のがメンバーシップ型で、「仕事に人を割り当てる」のがジョブ型です。ジョブ型が当たり前の欧米企業では、社員への報酬について、その職責の大きさに対して支払う固定給の部分をPay for Job、そして、一定期間の成果への報酬である変動給のボーナス部分をPay for Performanceと表現しています。

では、メンバーシップ型からジョブ型への移行は、一体何を意味しているのでしょうか。

かつて「日本的経営」が礼賛された時代がありました。アメリカの経営学者で著名なコンサルタントでもあったジェームズ・C・アベグレン氏（実を言うと、私はその部下の一人でもあります）が、メンバーシップ型雇用の特徴とも言える「年功序列」「終身雇用」「企業内組合」を日本企業の強みとして見いだし、日本人の間でこれらは〝三種の神器〟と呼ばれてきました。

しかし、私の先輩であり、日本GEやLIXILグループで人事のトップを務めた八木洋介さんは、これらの制度を〝神器〟として奉ってしまったのは、日本人の〝罪〟だったと述べています。

年功序列も終身雇用も企業内組合も、戦後の日本企業が熟練労働者を社内に確保するために編み出した巧妙な「戦略」だったのであり、とりわけ昭和30～40年代の高度経済成長期にはよく機能した。にもかかわらず、これらを日本人は〝神器〟として祀《まつ》り上げてしまったために戦略性が失われ、やめられない制度、変えられない制度になってしまった——。これが八木さんの主張です（八木洋介、金井壽宏『戦略人事のビジョン』光文社新書、２０１２年）。

私も八木さんと同じ考えです。また、〝三種の神器〟という人事の方策は、経営的に見通しのよい状況下においてのみ機能するやり方で、うまくいけば組織戦略を効率的かつ効果的に進めることができるでしょう。しかし、時代は変わり、企業の経営環境も大きく変わりました。かつての三種の神器の有効性はもはやないのではないでしょうか。その幻想から早く脱却すべきであり、ジョブ型への移行はその手立ての一つになるかもしれないと私は考えています。

私自身、ファイザー時代に、アメリカ本社から与えられたミッションとしてジョブ型の導入を遂行しました。その後、2010年代には味の素で、ジョブ型を根幹とするグローバル人財マネジメント・プラットフォームの立案と構築にかかわりました。

けれども、近頃の「ジョブ型ブーム」を見ていると、日本企業は単にジョブ型を導入するだけでいいのだろうかという疑問もわいてきます。理由は二つあります。

まずジョブ型という雇用システムは労働市場の流動化を前提としています。したがって、欧米のように、ビジネスパーソンがキャリアアップを目指して転職していくのが当たり前の社会に変わらなければ、ジョブ型を導入してもうまく機能しない可能性が高くなります。

また、ジョブ型を導入するにあたっては、単に枠組みを取り入れるのではなく、制度面の課題をよく検討する必要もあります。というのも、ジョブ型を真に活かそうとするならば、企業は常に新たなジョブを創出し続けなくてはなりません。先ほどお話しした通り、動的な人財マネジメントを構築し、新たなジョブを生み出しつつ、そこに適切な人財を割り当てていく、そういう人事戦略を描いて新しい事業を創出させなければ、限られた上位層のジョブに就けなくなった人たちの処遇が問題となり、社内は閉塞感に包まれてしまいます。

ジョブを創出できないジョブ型には意味はないし、ジョブ型を導入したからといってジョブが創出されるわけではない。端的に言えば、これが私の問題意識です。

私はよく、ジョブ型への移行を検討している企業から「味の素で経験した人事制度改革について話してほしい」といった講演やプレゼンテーションの依頼を受けます。しかし、うかがった先の経営者に「御社では何のためにジョブ型を導入するのですか」とお尋ねしても、明確なご回答をいただけないことがあります。人事制度は導入自体が目的ではなく、制度によって自社は何を実現するのか、制度をどのように運用し、社員のポテンシャルをどのように開花させるのかといったことの方が大事なのですが、そのあたりの意思や覚悟がはっきりしないまま、ジョブ型を導入しようとする姿勢には懸念をおぼえます。

投資家にストーリーを語れるか

本章の冒頭で紹介した経済産業省の人的資本に関する研究会・検討会の特徴は、私たち企業人事の実務家だけでなく、投資家の方々も委員として参加しておられたことでした。

研究会では投資家のみなさんから、持続的な企業価値を生み出していくためには、その担い手として多様な人財をそろえる一方で、「人財を束ねる求心力としての経営理念の浸透を図る必要がある」「経営理念と事業戦略、人財マネジメントの連動が重要な意味を持つ、今後は取締役会でも人事戦略が議論されるのが望ましい」といった提言がなされました。

これらは、2021年6月に改訂されたコーポレートガバナンス・コードに反映され、人的資本に関する以下の内容が盛り込まれました。

◆企業の中核人材における多様性の確保に向けて、管理職における多様性の確保（女性・外国人・中途採用者の登用）についての考え方と測定可能な自主目標を設定すべきである。

◆中長期的な企業価値の向上に向けた人材戦略の重要性に鑑《かんが》み、多様性の確保に向けた人材育成方針・社内環境整備方針をその実施状況と併せて開示すべきである。

◆サステナビリティをめぐる課題への取り組みとして、人的資本等について、自社の経営戦略・経営課題との整合性を意識しつつ、わかりやすく具体的に情報を開示・提供すべきである。

これらの改定を受け、今後、企業側は対応を迫られます。おそらく少なからぬ企業が「社員教育の費用」や「女性幹部の比率」などについての数値目標を設定し、達成度合いを投資家に開示するようになるでしょう。

けれども、投資家たちが求めているのは、そういう比較可能な数字の開示だけではないはずです。その企業はどんな思いで人的資本と向き合おうとしているのか。どのような人事戦略を掲げ、それによってどんな社会的価値を生み出そうとしているのか。そういうストーリーを企業がどのくらい語れるのかを投資家は注視し始めているに違いありません。

丸井グループ社長の青井浩氏が11人の有識者と語り合う対談書『サステナビリティ経営の真髄』（日経BP、2022年）では、企業変革のドライバーは「消費者」と「投資家」であるというやりとりが随所に出てきます。同書で示されているのは、サステナビリティ経営を後押しするのは、今後、消費者のマジョリティを占めるようになるMZ世代（ミレニアル世代とZ世代）の価値観や、国境を越えて動く投資マネーだという考え方です。

私もこの考え方に強く共感しますし、同じことは人的資本経営についても言えるのではないかと思っています。外資系企業での経験に照らして言えば、投資家は企業にとっての戦略パートナーであり、投資家との対話を通じて、企業はさまざまなアイデアや洞察を得られるのです。

流行語で終わらせないために

「人材版伊藤レポート」「人材版伊藤レポート2・0」の発表以降、「人的資本経営」という言葉は日本の産業界に急速に広がっていきました。

2022年8月には、伊藤先生のリーダーシップにより官民一体の「人的資本経営コンソーシアム」が発足し、すでに国内437法人（2023年7月現在）が入会しています。私自身も企画委員として参加していますが、本コンソーシアムでは今後、人的資本経営の推進に向けて議論を続けるとともに、参加企業の社員が相互に複業・兼業をし合える仕組みや社員の学び直し（リスキリング）の場を共同でつくれないかと検討が始まっています。

ただ、最近は、人的資本経営という言葉はやや独り歩きしている感も否めません。人事の仕事に長く携わってきた知人たちの間からも、「中身や実態を深く掘り下げる議論が必要なのに、『人的資本経営』だけが流行り言葉になっているのではないか」「以前、もてはやされた『成果主義』の二の舞になるのではないか」などと心配する声が聞かれます。

私自身は、人的資本経営を持続的に実現するためには、会社目線・経営者目線だけで推進するのではなく、社員の目線にも立った方がよいだろうと思っています。その際にキーワードとなるのが「ウェルビーイング（Well-being）」でしょう。社員がやりがいや生きがいを感じながら働ける状態を目指して、それぞれのモチベーションやエンゲージメントの向上はもちろん、プライベートの充実も図っていく。そういう「Well-being 経営」の実践を通じて、活力にあふれたすべての社員が企業活動に参画できるオープンで前向きな風土をつくっていく必要があります。

さて、本書ではこれから、私のキャリアを振り返りつつ、複数の外資系や日本企業で経験した戦略人事や人事制度改革の取り組みをご紹介していきます。そのうえで、日本企業の特性を踏まえた人事変革のあり方や人事部門の新たな役割、人事パーソンに求められる資質などについても検討してみたいと思います。

では、本題に入りましょう。

第1章

霞が関からMBA、そしてコンサルタントに

――女性の社会進出とキャリア形成を考える

失敗に終わった大学院進学

人はその一生で何度か失敗やつまずきを経験します。そこから立ち上がり、挑戦してチャンスをつかむためには周囲の信頼を獲得する必要があり、成功への早道はありません。自分が置かれた状況と、仕事を通じて出会う人たちをよく理解し、小さな成果を積み重ねていく。そういう日々の努力がキャリア形成につながっていきます。

間違いなく言えることは、願いは、あきらめたらかなわないということです。もちろん、希望は一人の挑戦で実現するものではなく、周囲のサポートが必要となります。その人たちへの感謝の気持ちを私は忘れたことはありません。

1982年3月、大学卒業を間近に控えていた私は途方に暮れていました。大学院への進学を希望していたにもかかわらず、肝心の入試に落ちてしまったのです。

東京オリンピック（1964年）や大阪万博（1970年）を見て育った私は、幼い頃から海外に憧れを抱き、津田塾大学で国際関係論を学んでいました。学部在学中は発展途上国の経済成長に興味をおぼえ、アジアや中東、アフリカの実情を研究し、また、語学系のサークルに所属して英語の習得にも力を入れていました。

卒業論文は「南アフリカの人種差別政策と経済発展」をテーマにまとめました。その着想は指導教員からも評価していただいており、大学院に進んだらさらに研究を深めようと意を強くしていました。

ところが、論文執筆にいささかのめり込みすぎたせいか、院の入試では第2外国語のフランス語でひどい点を取ってしまったのです。指導教員には「研究職になるという道もなかなか孤独で大変だから、よく考えた方がいい」と、暗に院進を考え直すように告げられました。

その頃、女子大生の進路には二つのメインコースがあって、一つは教員免許を取って学校の先生になるコース、もう一つは大学の推薦をもらって大企業に入るコース。ただし、企業に入った場合、そこで主体的に活躍するポジションはかなり少なく、お茶くみやコピー取りといった雑務をこなしつつ、社内で相手を見つけて寿退社というケースが多く見られました。けれども、私はどちらも選ぶ気になれず、大学院以外の進路は考えていませんでした。一様に紺のスーツに身を固めて企業の面接を受ける就職活動のスタイルにも抵抗をおぼえていました。

〝天下国家〟のため、霞が関へ

とはいえ、大学院への進学をあきらめた以上、進路は決めなくてはなりません。いったんは貿易関係の民間企業で社会人生活を始めていたのですが、その後、公務員の道に進むことを決めました。

「民間企業に行っても、お茶くみ・コピー取り・寿退社じゃ、つまらない。せっかく働くなら天下国家のためでしょ！」

そんなふうに一念発起し、通信講座のコースで勉強して国家公務員や地方公務員の試験を受けました。その結果、国家公務員の上級職の試験には落ちたものの、中級職の試験に合格しました。

試験後の官庁訪問では主に経済官庁を回り、農林水産省を希望することにしました。これには理由があって、面接のときに農水省の人が「これからは国際交渉も重要な仕事になるし、英語ができる人が必要になるんだよね」と話していたのです。だったら自分でも活躍できるに違いない。そう信じて入省したのが１９８３年の４月のことです。

配属されたのは経済局の国際部という部署で、与えられた業務は国際部長の秘書でした。

机の上に置かれた黒電話が鳴ったら、受話器を取って対応し、部長につなぐというのが主な仕事で、電話をかけてくるのは与党の重鎮や他省の幹部といった立場のある人たちなので、最初は気を使ってばかりでした。

しかし、しばらくして思わぬチャンスが訪れます。牛肉・オレンジの輸入自由化をめぐる日米交渉が佳境を迎え、所管の国際経済課がにわかにざわつきだしたのです。

国際経済課は国際部長室の隣にあり、聞けば、「タイプライターを速く打てる人がいなくて困っている」とのことでした。当時の国際交渉では書面はすべて英文のタイプで作成していたのですが、農水省の中には速いスピードでタイプを打てる人がいなかったのです。

「やりましょうか」と私は申し出ました。

津田塾大学では「女性も職業を持つべきだ」という創立者・津田梅子が掲げた理念のもと、実用的スキルの習得にも力を入れており、その一環として英文タイプの科目が設置されていました。私もたまたまその科目を履修しており、タイプライターを扱うのは得意だったのです。そう打ち明けると、国際経済課では大喜びで歓迎してくれ、最初は秘書業務後の夕方5時以降という約束で交渉文書の作成に携わることになりました。

その後、国際経済課の課長が「うちの課においで」と声をかけてくださり、国際部長にも

「彼女を原課《げんか》に出してあげていいんじゃないですか」と掛け合って了承を取りつけてくれました。原課というのは、国際経済課のように特定の案件を担当する課のことです。私にとっては予想外の異動でしたが、これでようやく交渉班の末席に正式に連なることになりました。

日米交渉の現場で感じたこと

国際経済課に移ってきてから私の視界は広がったように思います。外務省とやりとりを重ね、日米交渉の場では一番後ろの席に座ってひたすらメモを取りました。

交渉では、日本に対して自国の産物を売り込もうとするアメリカ側と、国内産業をなんとか保護しようとする日本側の間で真剣な駆け引きが繰り広げられました。そのエネルギーはすさまじいものでしたが、私が驚いたのは、アメリカの交渉団に女性がとても多いことでした。中央に陣取っているトップはグレン・S・フクシマ氏という有名な日系3世の男性（通商代表部日本担当部長や通商代表補代理などを歴任）でしたが、最前列の半分ぐらいは女性が占めていました。

これに対し、日本側では女性は末席の私1人でした。「どうしてアメリカでは女性が活躍できているんだろう。日本との違いは何なのだろう」。私は考え込みましたが、答えはなかなか見つかりませんでした。

もう一つ、日米交渉の現場で私が気づいたのは、アメリカ側はビジネスパーソンが前面に出てくることでした。向こうは利益に直結する成果を求めているので、農産物関連の業界団体でマーケティングに従事しているような人たちが、交渉の場に同席するだけでなく、議論の中身に積極的に関与するのです。

その様子を見て、ふと感じたのは、世界はビジネスによってダイナミックに動いているのではないかということでした。もちろん行政や政策も重要なのですが、それだけでは世界は動かないのではないか。20代の後半に差し掛かっていた私は、そんなことを自分のキャリアと重ね合わせながら考え始めました。

「若者の成長の芽を摘んではいけない」

同じ時期、ハーバード・ビジネススクールでＭＢＡを取得した２人目の日本人女性で、現在も実業家として活躍しておられる斎藤聖美《きよみ》さんが書いた『女の出発』（東洋経済新報社、１

984年）という本を読み、その内容にも影響を受けました。

ビジネススクールで学んだら、自分のキャリアにとってプラスになるかもしれない。そう思った私はなんとか留学できないものかと思案しました。もちろん、その希望をかなえるためには農水省は辞めなくてはなりません。

留学するとなると費用もかかります。そこでお昼は必ず省内の食堂、一日の食費予算は500円以内というふうにルールを決めて節約を始めましたが、これはいくらなんでも無謀な計画でした。いくら食事代を切り詰めたところで、十分な留学費用が貯まるまでには何十年もかかってしまいます。

やっぱり無理かな——。そんなふうにあきらめかけていたときです。フルブライト奨学金という制度があることを知り、興味を持って調べてみると、日米の相互理解を促進する架け橋となるような人材を募集しているとのことでした。「それって、私のことじゃない？」。私はさっそく申し込んでみることにしました。

ただ、心配もありました。というのも、フルブライトに応募するためには上司の推薦を必要としていたからです。役所を辞めようとしている私を推薦してくれるだろうか。そのことが気になって、当時の国際経済課長に相談すると、「頑張っている若者の成長の芽を摘んではいけないね。応援しよう」と言ってくださいました。推薦状は農林省審議官と経済局長に書いていただき、審査は無事に通りました。

その後、農林省を円満退職し、小規模なコンサルティング会社で短期間働きながら留学の準備を始めました。留学先はアメリカ・ワシントンD.C.にあるジョージタウン大学に決まり、１９９０年にいよいよアメリカに向けて日本を発ちました。そのとき、夫が勤務先の厚生省（当時）から外務省の在米日本大使館に縁あって出向勤務する時期と偶然重なったのですが、これは望外の幸いでした。

ビジネススクールをサバイブする術

３年余り続いた留学生活はとても充実していました。最初の2年間はビジネススクールに通ってＭＢＡを取得し、その後1年間、ビジティングリサーチャーの立場で国際関係論の大学院に籍を置きました。

ビジネススクールでの授業内容は多岐にわたりましたが、中でもひきつけられたのは組織開発の領域です。どのように人を組織の中に取り込み、組織を活性化させるか。そういう研究が盛んに行われていることを知り、興味をおぼえました。

ビジネス倫理の授業も新鮮でした。今でこそ、ビジネスと倫理の両立は企業経営における重要な課題となっていますが、当時はまだ企業活動の真ん中に倫理を掲げる経営は、日本ではまだあまり一般的でなかったと思います。アメリカでカトリックのイエズス会が創立した最古の大学であるジョージタウンならではのコースで、具体的なケースを想定したクラス討議はとても白熱した内容となりました。

ただ、ビジネススクールで勉強する内容というのは、関連書籍を読めば半分ぐらいは吸収できるものであり、留学時代を通じて一番身についたのは、むしろ見知らぬ土地や慣れない環境でサバイブする力だったように思います。なにしろ、1年目の成績が悪ければ2年生に進級できず、退学を余儀なくされるのです。特に成績のよし悪しを左右するのは、ふだんクラス内で積極的に発言しているかどうかでした。ディスカッションに参加しない学生は存在していないのと同じと見なされるため、とにかく発言の回数を増やす必要がありました。

しかし、いくら英語が好きだといっても、私の会話能力ではまだまだ講義についていくだけで精一杯でしたし、アメリカ人の学生たちが早口で繰り広げるディスカッションにはとても入っていけませんでした（耳が慣れてくると、実はたいした内容はしゃべっていないこともわかってきたりするのですが）。

そこで私が立てた作戦は、講義が始まったら最初に手を挙げることでした。教室に入ってきた教授は決まって最初に「宿題に出したケースの内容を要約し、ポイントを述べなさい」などと言って、学生の回答を受けてから講義を始めるため、階段教室の中央付近に座って教授の目につきやすいようにしておき、さっと挙手して指してもらうようにしました。その席を取るためには、朝早く学校に行く必要がありましたが、とにかく講義は最初の５分が勝負だと自分に言い聞かせていました。

サバイバル作戦はそれだけではありません。同じクラスのインド人留学生が近所に住んでいたのですが、車で通学していた私は彼の送迎を引き受け、その代わりに数学が得意な彼に統計学や会計学を教えてもらいました。そのインド人は今、スイスで銀行員として活躍していますが、家族ぐるみの付き合いが卒業後も続きました。

企業の「国際化」を支援する

留学後の進路として私が思い描いていたのは、経営コンサルタントになるというキャリアです。ビジネススクールで習得した知識を実践に活かしてみたいと考えて、いくつかの会社を受け、三和総合研究所（現・三菱ＵＦＪリサーチ＆コンサルティング）に採用されました。

入社に際して会社側から命じられたのは、「海外に進出する日本企業のコンサルティング」でした。その頃、日本の産業界では「国際化」がキーワードとなっていて、三和総研の親会社である三和銀行（現・三菱ＵＦＪ銀行）は、取引先企業のアジア進出を資金面で支援していました。とりわけ注目されていたのは、インドネシアのマーケットです。三和銀行では、取引先企業と、現地の銀行が傘下に置く事業会社との合弁事業を積極的に推進しており、それを市場調査や戦略立案の側面から支援するのが私たちの役割でした。

１９９３年９月の入社以降、私は年間10回近くジャカルタに出張し、調査を実施しては報告書をまとめて提出するといった仕事に携わりました。直属の上司はインドネシア三和銀行の初代社長を務めた人で、現地の社会情勢を教わったり人脈を紹介してもらったりしながら調査を進めました。

もっとも、その頃のインドネシアには、市場調査を委託できるようなリサーチ会社がなく、自分たちでスーパーマーケットに足を運んでは、売れ筋商品を探し当て、価格を調べたり写真を撮ったりといった作業もこなす必要がありました。

インドネシアは貧富の差も大きく、ジャカルタの目抜き通りには高層ビルが建ち並ぶ一方、裏通りに入るとスラム街がありました。学生時代、途上国経済に関心を持って以来、問題意識は抱えてきたつもりでしたが、そこには学問や知識だけでは解決しようのない現実も広がっていました。

三和総研では、日本企業の支援に加え、ＯＤＡ（政府開発援助）に関するフィールド調査も担当しました。インドネシアに対する教育関係の援助に使われた予算が適切に使われているかどうかを調べたところ、案の定と言うべきか、政府や行政機関で適切に活用されていないことがわかり、途上国援助の難しさを思い知らされたものです。

専門性を磨くため外資系コンサルへ

三和総研では3年ほど働き、貴重な経験を積むことができました。その一方で、グローバルレベルのコンサルティングをやって、ビジネススクールで学んだことを１００％活かしてみたいという希望も次第に膨らんでいきました。

日本企業のインドネシア進出を支援するというのは確かに国際的な仕事ではありました。

けれども、クライアントは三和銀行の取引先に限られていましたし、私たちはいわば親会社の看板を使ってコンサルティングをさせてもらっているような形でした。もちろん、それはそれで勉強になったのですが、やはりコンサルタントとしての専門性を磨くためには、できれば外資系のコンサルタント会社に行って、グローバルな環境で働く必要があると考えるようになったのです。

そんな折、ジェミニ・コンサルティング・ジャパンという会社の存在を知り、面接を受けることになりました。

ジェミニ・コンサルティング・ジャパンは、ジェームズ・C・アベグレン氏がジェミニの日本法人として立ち上げた会社でした。アベグレン氏は1963年にボストン・コンサルティング・グループ（BCG）の設立に参画し、同社の初の海外拠点である日本支社の初代代表を務めたコンサルタントであり経営学者でした。序章で述べた通り「終身雇用」「年功序列」「企業内組合」の三本柱を軸とする「日本的経営」を欧米に紹介したことでもよく知られています。

ジェミニ・コンサルティング・ジャパンで私の面接をしてくれたのは、そのアベグレン氏がBCGの日本法人から連れてきた教え子たちで、私が自身のキャリア展望を率直に打ち明けると、「うちでやらないか」と受け入れていただきました。

１９９６年に、私が働き始めた頃は、アベグレン氏もご健在でした（２００７年に逝去）。私が前の会社で企業のアジア進出をサポートしていたこと知ると、アベグレン氏は「一緒に香港に行こう」と誘ってくださり、出張をご一緒したこともあります。

そのとき初めてアベグレン氏のプレゼンテーションを間近で見ましたが、特に資料を用意するわけではなく、ホワイトボードにキーワードをいくつか書き出してから、もっぱらトークに終始するというシンプルなスタイルでした。コンサルタントによくありがちな「ロジカルであること」にこだわる姿勢はあまりなく、理論的な枠組みよりも「経営者の思い」を重視しているように見受けられました。

ジェミニ・コンサルティング・ジャパンの会社としての特徴は、戦略の立案よりも実行のフェーズに重きを置いていたことです。私もいくつかの戦略案件にかかわりつつ、クライアントから案件を獲得してくる営業の仕事も多く手掛けました。

またこの時期は、理念やビジョンを掲げる経営、現在の「パーパス経営」に当たるものが注目され始めた頃であり、さまざまな企業を回っては、その歴史や抱えている課題を抽出し、掲げるべき理念やビジョンを導き出す、といったプレゼン活動も数多くこなしました。

外資系製薬会社の経営改革

その間に、いくつかの外資系製薬会社からの依頼で経営改革にかかわり、それが自身のキャリアにとって大きな転機となりました。

高齢者人口が多い日本は医薬品のマーケットも非常に大きく、しかも国民皆保険制度によって薬価が定められているため、当時、外資系製薬会社の大手各社は、日本をアメリカ、ドイツに次ぐ「第3の拠点」と位置づけていました。

その一方で、「売り上げと利益が出ているのであれば、日本のマーケットは日本人に任せておけばいい」という考え方が外資の間では長らく一般的でした。そのため傘下の日本法人では、本社や他の国・地域の法人とは違って、年功序列と終身雇用を軸とした日本的経営が続いており、そういう状態に対して本社側が口を出すこともありませんでした。

本来、欧米流の企業経営では「組織は戦略に従う」との考え方のもと、他社との競争に打ち勝つために機能としての組織をつくり、各ポジションに適任者を割り当てていきます。これに対し、日本の企業経営では長期雇用のジェネラリストを育成し、その人たちをどう活かすべきかを考えて組織をつくっていく。そういうジョブ型とメンバーシップ型の食い違いも、外資系製薬会社の中でずっと放置されていました。

けれども、１９９０年代の半ばぐらいから、外資系製薬会社は考えを改めます。それは一つには、自社のブロックバスター（画期的な薬効を持つ新薬）がいつまでも売れ続けるとは限らないという危機感を募らせ始めたからでしょう。M＆Aの加速による業界再編が進んでいったのはその表れでしたし、自社の経営をグローバルで統合し、グループ全体に理念を浸透させるとともに、各地に置いた現地法人のコストを大幅に低減し、利益率を高めるといった方針を掲げるようになっていきました。

ところが、こうした方針転換は、各社の日本法人の中にハレーションを引き起こしました。その際、日本側がしばしば持ち出したのが「日本は特殊」論です。人事制度や組織運営をグローバルで統一しようとしている本社に対し、日本法人は「そんなのは日本では通用しない。日本は特殊なんだ」と言って抵抗したのです。しかし、なぜ特殊なのかが本社サイドはさっぱりわからないため、「改革を手伝ってほしい」という依頼が私たちコンサルタントに寄せられていたわけです。

私自身は、アベグレン氏の著書『日本の経営』（占部都美監訳、ダイヤモンド社、１９５８年）などを読み、戦後の日本企業のサクセスストーリーを実現に導いたのはやはり日本的経営であり、とりわけ〝三種の神器〟だったのだなあと漠然と感じていました。

また90年代の日本では、すでにバブルは崩壊していたとはいえ、企業の多くはまだまだ業績好調でしたし、〝三種の神器〟はそれなりに機能していました。それは外資系製薬会社の日本法人においても同じで、だからこそ、人事制度のグローバル化を進めようとする本社からの指令に、日本法人の人たちが反発や戸惑いを感じたのだろうと思います。

しかし、ジェミニ・コンサルティング・ジャパンのクライアントはあくまでも本社の方なので、私たちは日本法人に出向いては本社の考え方を粘り強く伝え、納得と了解を得ていく必要がありました。具体的には、間接部門の縮小、営業部隊の効率的再編、経営理念の浸透などを進めていったほか、最新の手法だったビジネス・プロセス・リエンジニアリング（BPR）の手法を駆使して、業務フローのムダ・ムラ・ムリを一つひとつ取り除いていきました。

もっとも、あの頃のコンサルティングのやり方は、現在と違ってスマートと呼ぶにはほど遠く、外資系製薬会社の日本法人で働く幹部の人たちと毎晩のように飲みに行っては、彼らの感じている不満や疑問に耳を傾け、それから会社に戻ってプロジェクトワークにとりかかる、といった泥臭いものでした。おかげで生活はすっかり夜行性になり、睡眠時間は3、4

時間ほどしか取れませんでした。

新たな道への第一歩

そんななかの1998年5月、私は長男を出産しました。そのときは、厚生省（現・厚生労働省）に勤めていた夫が育児を全面的に分担してくれ、年内は私が産前産後休業と育児休業を、翌99年の1月から3月末までは夫が育休を取りました。霞が関で働く男性キャリア職員の育休取得は夫が第1号でした。

当時、夫は大臣官房で企画官を務めており、「厚生白書」（平成10年度版）の作成を担当していました。その中では少子化問題が取り上げられ、夫は、「家庭より職場を優先することが当然」と考える企業風土と、「男は仕事、女は家庭」と考える固定的な性別役割分担の考え方の両方を改めなければ、日本の将来は明るくならないと認識したといいます。だから、私の妊娠がわかったときは、固定観念の見直しを社会に問題提起しておきながら、自分自身が何もしないのでは言行不一致になってしまうと考えたそうです。

私自身は夫の協力に感謝しつつも、一方で今後も24時間、クライアントのことが頭を離れないような激務をこなしながら、子育てを続けていけるだろうかという不安やためらいも感じていました。

そんな折にオファーをくれたのが、外資系製薬大手ファイザーの日本法人であるファイザー製薬（現・ファイザー）でした。エグゼクティブサーチのエージェントを介して「人事企画の新たな部署を立ち上げるので、ヘッドをやってくれる人を探している」というお話がありました。それまでファイザーとはかかわりがありませんでしたが、おそらく私が他の外資系製薬会社のコンサルに入っていることが伝わっていたのでしょう。

仕事と子育てを両立させるためには、事業会社に転職した方がいいかもしれないと思っていた私は、このオファーをありがたくお受けすることに決めました。そして、この転職が企業人事という新たな道へと踏み込んでいく第一歩となりました。

ちなみに最近読んだ新聞記事によると、２０２０年４月から6月に子どもが生まれた男性国家公務員の88・８％が１カ月以上の育児休業・休暇を取得したということです。長男の誕生から20年余り、霞が関もずいぶん様変わりしたものだと感無量でした。

第2章

グローバルHRプロフェッショナルへの道

——外資系製薬会社・医療機器メーカーで学んだこと

外の目線で自分自身を知る

１９９０年代後半から２０１０年代にかけて、私は外資系製薬会社・医療機器の日本法人メーカーで人事の仕事に携わりました。

その頃から、グローバル・リーディング・カンパニーは、将来の変化を洞察した事業ポートフォリオの作成と、経営計画の毎年の見直し、そして事業を適時、適切に担える人財パイプラインを重視していました。そして、人事施策を経営戦略の要と位置づけて、人財育成に惜しみなく投資していたのです。

その一方で、日本法人には特有の雇用慣行も残っており、その意味や目的を本社に伝えながら、制度改革や日々の業務を進めていく必要がありました。それは、私たち日本のビジネスパーソンが外からの目線を通じて自身を見つめ直す機会であり、自分たちの強みと弱みを知る機会でもありました。

人事制度改革、始まる

私がファイザーの日本法人に入社したのは1999年4月、農水省からコンサルティング会社2社を経て3度目の転職となりました。肩書は「人事部企画担当部長」で、本社から与えられたミッションは「人事制度を抜本的に変えること」でした。

ファイザー日本法人の歴史は長く、1953年にファイザーが田辺製薬（現・田辺三菱製薬）と提携してファイザー田辺を設立したのが始まりです。その2年後、田辺製薬から台糖（現・DM三井製糖ホールディングス）に持ち株譲渡が行われて台糖ファイザーが誕生し、1989年にファイザー製薬、2003年にファイザー株式会社に社名変更しました。

こうした沿革からも見て取れるように、ファイザー日本法人の実態は日本企業そのものに近く、人事制度もきわめて日本的でした。具体的に言えば、日本企業の伝統である「職能資格制度」がまったく姿形を変えることなく、運用され続けていました。

職能資格制度では、社員が職務を遂行できる能力を資格等級によって示し、等級に基づいて賃金（職能給）を設定します。これは日本企業に独特な制度であり、ジェネラリストの育成に適しているものの、年功賃金制になりやすく、結果的に人件費も膨らみます。

他方、欧米企業では「職務等級制度」が主流です。この制度では賃金は職務（ポジション）によって決まり、勤続年数は給与額に必ずしも反映されません。ファイザー本社がグローバルで運用してきたのももちろん職務等級制度であり、本社は日本法人に対して「ポジションベースの給与体系を考えて導入してほしい」と要求していました。

これを受け、私は経営企画のメンバーたちと人事制度改革のプロジェクトを立ち上げて、社内のポジションを一つひとつ調べ直し、そこに給与を連動させる制度をつくり上げていきました。

ただ、この改革プロジェクトはそうやすやすと進行したわけではありません。職務給の導入によって給与が増える人がいる一方、給与が減る人もいましたので、それは当然と言えば当然でした。特に年功によって比較的高賃金を得ている社員が多かった生産現場では反発が強く、改革を問題視する労働組合との折衝が続きました。日本的慣習を維持したいと考える現場と、あくまでも人件費を抑制しようとしている本社の間で、私たち人事はしばしば板挟みになりました。

しかし、同じ年に日本法人の社長に着任したアラン・ブーツ社長は「とにかく、この改革をやり遂げるんだ」という強い意志を示し、最後はトップダウンで制度変更にこぎつけました。

神から預けられたタレントを活かす

前述の通り、近頃、日本の産業界では「ジョブ型」という言葉が一種の流行り言葉になっていますが、１９９０年代末にファイザーで私が携わった人事制度改革もまさにジョブ型の導入です。外資系企業の日本法人では、今から約20年以上前にジョブ型移行へと舵を切っていたのです。

幸いなことに、当時のファイザーは新薬をそれなりに市場投入できており、会社全体に勢いがありました。だから、日本法人で雇用システムをジョブ型に変えてからも、社員の士気が低下するといったことはありませんでした。

ただ、「人に仕事を割り当てる」メンバーシップ型から、「仕事に人を割り当てる」ジョブ型に移行する以上、個々の社員が努力して自身のスキルを向上させ、人財としての価値を高められるような仕組みを併せて用意しておく必要もありました。

そこで私たちは本社と掛け合って50人体制の研修部門を新設し、「ファイザーユニバーシティ」と称する社員研修を始めました。育成プログラムは階層別・職種別に組み、営業・マーケティングのスキルや医薬品に関する学術的な知識、リーダーシップなどを習得してもらいました。

併せて、ローパフォーマー対策も徹底しました。期初に立てた目標を2年続けて達成できなかった社員に対しては特別な教育プログラムを用意し、会社から期待されている成果を出すためのアクションを約束してもらうようにしたのです。プログラム期間中は、直属の上司と人事担当者が半期ごとに本人の仕事ぶりをチェックして、それでも成果が出せなかった場合は、人事が再就職支援を行いました。

これは一見、厳しい仕組みのように思われるかもしれません。確かに甘くはなくて、その根底にあったのが、社員を「コスト」と見なす考え方だったと思います。株主にコミットした売り上げや利益が達成できなければ、コストを削減するしかない、会社における最大のコストのひとつが人件費である以上、社員を減らしてでも利益を出すしかない。かつての欧米企業ではそういった考え方が主流でした。

90年代以降、欧米企業の間では、社員を「資産」と見なして、人財に関するROI（投資収益率）の最大化を図ることがテーマになっていきましたけれども、その場合の「人」は

「投資に値するタレント」を指しており、ローパフォーマーは依然としてコストとして扱われていました。財務的に利益率が二桁を見込めないと予測されたときは、新卒や中途の採用計画もいったんすべて白紙に戻されました。

ちなみに、欧米人の考え方では、「タレント（才能、能力）」は神から預けられるものであり、その語源である「タラントン」のたとえ話が新約聖書に出てきます（マタイによる福音書第25章14〜30節）。タラントンというのは古代地中海世界の通貨の単位で、主人から、能力に応じて5タラントン、2タラントン、1タラントンを与えられた3人の僕《しもべ》の話です。

3人はどうしたか。まず5タラントンを渡された僕は、それを元手に商売をして10タラントンに増やしました。2タラントンを渡された僕も同様に4タラントンに増やしました。この2人は主人から「忠実な僕よ」とねぎらわれました。

けれども、1タラントンを渡された僕は、地面を掘ってそれを隠しておいたため、主人から「怠惰な僕よ」と怒られます。与えられたのが1タラントンであっても、その僕も能力を期待されていたからです。言うまでもなく、この場合の主人は神を意味しています。

このたとえ話が示唆している通り、欧米企業では、タレント（投資に値する人財）はタレント（才能、能力）を備えているがゆえに、常に高いパフォーマンスを求められており、特に管理職以上は厳しく評価されます。ファイザーでは、現地法人の社長や営業部門トップが3年連続で目標を達成できなかったら、ただちに退任させられましたし、最高のタレントであるべき本社CEO（最高経営責任者）も日々、自分のクビを懸けて株主と対峙していました。だからこそ、本社サイドから「株主に対する責任を考えて、ローパフォーマー対策をするように」という指示を受ければ、現地法人はそれに従うほかなかったのです。

本社の営業戦略を人事として遂行する

もっとも、当時のファイザーが人員削減に躍起になっていたかというと、そういうわけではありません。実態はむしろ逆でした。新薬が順調に上市《じょうし》されている状況では、一般企業の営業担当者に当たるMR（Medical Representatives：医薬情報担当者）の数が多ければ多いほど売り上げは拡大する、というのが本社の基本的な営業戦略であり、日本法人ではブーツ社長の号令のもと、新卒や中途のMRを毎年200人ぐらいずつ採用していました。

単にMRの増員を図るだけでなく、営業スタイルも改められました。かつてのMRの業務では医師の接待を非常に重視しており、「優秀なMRなら、東京都内の有名な寿司店は全部知っている」などと言われたものです。どの製薬会社でも、ＭＲは人間的な魅力を武器に医師に食い込んでいくタイプが多く、それはファイザーの日本法人でも同じでした。

けれども、業界団体の取り決めによって接待は次第に規制されるようになり、ＭＲに医薬に関するより高い専門知識が求められる時代が到来しつつありました。そのためファイザーでは、ＭＲの人数を大幅に増やしたうえで、営業活動にチーム制を取り入れました。それまでは、一つの病院を１人のＭＲが担当する「１対１」の営業体制だったのを、疾患や臓器ごとにＭＲを分け、一つの病院を複数のＭＲがチームとして担当するように変えたのです。人的なネットワークではなく、学術知識とチームワークで勝負する。これが、本社が描いたもう一つの営業戦略であり、私たち人事は週末にも出勤して、ひたすら応募者の面接を繰り返していました。

ナンバーワンを超える

ファイザーでは、ＭＲ出身の「営業人事」と呼ばれる人たちが大きな権限を握っており、私たちが人事制度の改革や営業体制の見直しを進める際には、彼らと膝詰めで話し合う必要もありました。

といっても、営業人事の人たちはきわめてフレキシブルで適応能力が高く、自分たちが求められている役割をよく理解していました。本社が掲げる戦略をそしゃくして現場に伝え、売り上げと利益を伸ばしていれば、本社からにらまれることはないとよくわかっていたのです。


今でも記憶に残っている大きな施策の一つは、「70カ月連続で予算目標を達成する」という販促活動です。「スーパー70」と名づけて、実現したら約2400人いたMR全員が香港に報奨旅行に行くという計画を立てて本社の了承を得ました。この案は営業人事の人たちに好評だっただけでなく、ブーツ社長も大賛成で「せっかくなら、カジノ船を貸し切りにして全員で乗ろう」と言って本社から予算を取ってきてくれました。

「スーパー70」は私の在籍中に達成され、すべてのMRが3泊4日の香港旅行をする運びとなりました。ただし、旅行中に営業先の医師から苦情が出ては困りますし、事故でも起きたら大変なので、2400人を先発組のA班と後発組のB班に分け、両班の香港滞在が重なっている日にカンファレンスと表彰式を行うことに決めました。

旅行の日程や交通・宿泊の手配については、JTBと協議しながら進めていきましたが、全国各地に散らばっているＭＲが香港に集まれるようにスケジュールを組むのは至難の業《わざ》でした。添乗員は総勢70人に上り、ＪＴＢ社内では今なお語り草となっているようです。

カンファレンスの当日は、アメリカの本社からもＣＥＯと営業担当のトップがやってきて、日本法人のＭＲたちに賛辞を送ってくれました。その際に彼らが口にしたのが「ビヨンド・ナンバーワン」という言葉です。

当時、ファイザー本社は自社のミッションを「患者、顧客、社員、株主、ビジネスパートナー、そして私たちが働き、生活しているコミュニティにとって世界で最も価値のある企業になる」と、まさにマルチステークホルダーの視点で定義していました。日本法人のアラン・ブーツ社長も「日本で最も成功し、最も尊敬されるヘルスケアカンパニーになる」というビジョンを打ち出していました。

業績で世界一を目指すだけでなく、世界に価値を提供して尊敬される存在になる――。ナンバーワンを超えるとはそういうことなのだと知って、とても新鮮に感じたのをおぼえています。

確率60％なら前進せよ

ブーツ社長はトップダウンタイプの経営者だったので、部下に対して「私の戦略に異を唱えるなら、ファイザー・ジャパンにポジションはないと思ってくれ」と言い放つこともありました。

会社としての交渉力を日本国内でも高めたいという意識も強く持っていて、武田薬品工業の武田國男社長（当時）にアドバイスをもらって厚生省に出向き、自ら新薬の承認を求めるといった行動力も発揮していました。

私が今でも忘れられないのは、「60％の確率でやれると思ったらやろう」という彼の言葉です。

「ビジネスでは決断のスピードが大事だ。成功確率50％ではゴーサインは出せないが、60％ならゴー・アヘッド（前進せよ）だ」

そんなふうにブーツ社長は語り、その理由を私が尋ねると、「ファーストランナーだけが後戻りできるからだ」と言いました。

「二番手、三番手の企業は余裕がないから、いったん始めたら失敗に気づいても引き返せない。だけど、ファーストランナーの企業はアドバンテージを活かしてリスクテイクができるし、『まずい』と気づいたら引き返せる。だから、60％の確率でやれると思ったら、迷わずにやってみよう」

新型コロナウィルス感染症のパンデミックが始まって間もなく、ファイザーはいち早くメッセンジャーRNAワクチンを生産し、世界中に供給しました。そのスピード感には驚かされましたし、あの会社は今でもファーストランナーであり続けているのだなと思いました。

ブーツ社長はダイバーシティについても先進的な考えを持っていて、女性社員の登用にも前向きでした。ファイザーの営業部門は担当役員の下に本部長、支店長、営業所長が配置されていたのですが、ブーツ社長は「女性の支店長と営業所長を１人ずつ置くように」と私に指示しました。

これは、前例としきたりを重んじる営業人事の幹部たちにしてみれば、「ありえない話」でした。しかし、私は、業績をあげていた女性２人を推薦して、支店長と営業所長に就いてもらいました。そのうちの１人、清村千鶴さんはマーケティングのチームリーダーを務めており、「女性だからという理由で特別扱いされたくない」と昇進を固辞していましたが、ブーツ社長と「会社の将来のためにお願いします」と言って説得し、彼女は後に女性初の執行役員に就任しました。

M&Aで垣間見た現実

もちろん、私はファイザーの経営を全面的に礼賛するつもりはありません。欧米流の株主資本主義を目《ま》の当たりにして戸惑うこともありました。

その一つがM&Aの断行でした。アメリカでの創業以来、ファイザーは長期にわたって純血主義を貫いてきましたが、2000年6月にワーナー・ランバートを買収しました。

医薬の世界では、どんなに画期的な薬効を持つ新薬であっても、いずれは安価な後発品(ジェネリック)に取って代わられます。そのことを大手製薬企業はよくわかっているので、常に新薬の開発状況をウォッチし、数年先の自社の業績を予測しています。

おそらく、あのときのファイザーも、いずれ新薬の上市が滞る時期が来ると判断し、将来に備えてワーナー・ランバートを買収したのでしょう。というのも、ワーナー・ランバートは高脂血症薬の「リピトール」というブロックバスターを持っていたからです。

ただ、ワーナー・ランバートは経営を多角化していて、リピトールを中心とする医薬品事業のほかにも、洗口剤、ガム・キャンディー、ペット用品などの事業を抱えていました。ファイザーはそれら医薬品以外の事業に関心はなかったのですが、豊富な資金力を行使してワーナー・ランバートを丸ごと買い取り、後で医薬品以外の事業を他社に売り渡すというやり方でM&Aを進めました。そうした振る舞いに、私は違和感をおぼえました。

買収後、人事に課されたプロジェクトも容易ではありませんでした。ワーナー・ランバートにも日本法人はありましたが、すべての社員が以前と同じ条件でファイザーの日本法人に移ってこられたわけではありませんでした。私たちは組織として必要とする社員の要件をワーナー側に示し、それに基づいてワーナー社員の能力調査を進めました。全員を受け入れるわけにはいかないため、早期退職プログラムも用意しました。

とりわけ対応が難しかったのは、かつてファイザーからワーナーに転職したのに、買収によって再びファイザーに戻ってきてしまった人がいたことです。買収後はその人のポジションを下げざるをえず、最終的にご本人の意思で辞めていきましたが、残念なケースでした。

日本BDに転職し、人事トップに

ファイザーで私の直属の上司だったのは、私と同様、社外から転職してきた人事担当役員でした。ブーツ社長とその役員と私は3人で一致協力しながら、人事制度の改革に取り組んできました。

けれども、頼りにしていたその役員が会社を去ることになり、それをきっかけに私はまた自身のキャリアを展望し直すことになりました。

そんなとき、お世話になっていた人事コンサルタントを通じて知らされたのが、「ベクトン・ディッキンソン（BD）の日本法人が人事のトップを務められる人を探している」という話でした。

BDは1897年に創立された老舗のグローバル企業です。アメリカに本拠を置き、医療用や検査用の機器・器材などを製造、販売してきました。身近なところでは、糖尿病患者がインシュリンを注射する際に使う注射器・注射針や、インフルエンザの抗原検査キットといった製品を扱っています。最近は新型コロナウィルス感染症の抗原検査キットも販売し始めました。

日本BDは1971年に日本支社として設立されたのが始まりで、1985年に法人化しました。2004年時点の社員数は550人で、ファイザーと比べると会社の規模は小粒なものの、堅実な経営で知られていました。

人事コンサルタントの話では、同社が探しているのは、定年を間近に控えていた人事・総務部長の後任で、評価や給与を担当する一般的な人事チームと、新たな制度や仕組みを立ち上げる人事企画のチームを統合してマネージできる人ということでした。そういう社長直属のポジションにも魅力を感じた私はお誘いを受けることに決め、2004年、約6年勤めたファイザーを去り、日本BDに転職しました。

本社幹部が現地法人の人財育成に関与する

その頃、BD本社が日本法人に対して求めていたのは、事業部の強化でした。本社は、日本市場におけるシェアの拡大を図るためには、五つあった事業部の部門長をすべて入れ替えて、新たなビジネスに対応できるような組織体をつくり上げる必要があると考えており、その意向に沿って、私たち人事は内部からの登用と社外からの採用を進めました。

このとき採用した部門長の1人が、現在、日本BDで社長を務めている阿知波《あわち》達雄さんです。社内からは、現在、GEヘルスケア・ジャパンで代表取締役会長を務めている多田荘一郎さんが部門長に抜擢されました。

BDは教育や研修にもとても力を入れていて、本社幹部が日本を含む現地法人までやってきて、ワークショップを実施していました。教材には、ベストセラーとなった『ビジョナリー・カンパニー』の原著を使い、幹部が自身の経験も踏まえつつ、経営理念の浸透を図るという教え方でしたが、本社幹部が自らピープルマネジメントに責任を持ち、人財育成に関与する姿勢は印象的でした。こうしたワークショップは、幹部自身のリーダーシップ強化にもつながっていたに違いありません。

日本BDの社長はレックス・バレンタインという日本に長く暮らすアメリカ人で、彼の経営スタイルは、本社とのやりとりはすべて自分が担う一方、現場のことは現場に任せるというものでした。5人の事業部長と私は社長直下でチームを組み、日本法人が進むべき方向性を決めていきました。事業部長たちと私はわりと年齢が近かったこともあり、何事も忌憚《きたん》なく話し合うことができました。このときに、経営層が一体となって事業戦略と人事戦略を議論し、展開する醍醐味を味わったように思います。

業界再編の波を受けたM&A

日本ＢＤ時代の仕事で一番記憶に残っているのは、Ｍ＆Ａに直接かかわったことです。ファイザーで経験したＭ＆Ａは本社からいきなり降ってきた案件でしたが、このときは違いました。契機となったのは、山之内製薬と藤沢薬品工業という国内大手同士の合併です。

日本の製薬業界ではこの時期から大型の合併が相次ぎました。新薬の研究開発費が拡大の一途をたどる中、大手であっても単独ではグローバル競争に勝ち残っていくのが難しくなってきたためで、国内売り上げ上位の山之内と藤沢の合併によるアステラス製薬の誕生（２００５年４月）は業界再編の先駆けでした。

ところが、この合併は日本ＢＤに思わぬ余波をもたらしました。というのも、日本ＢＤでは、ある検査試薬の販売を藤沢に委託していたからです。合併後のアステラスではその試薬の販売はできなくなり、藤沢から日本ＢＤに対して、試薬の販売部門を移管するという話が持ち上がりました。

日本ＢＤでは本社と相談をしたうえで、藤沢から試薬の販売部門を買い取ることを決定しました。人事を預かる私もデューデリジェンス（買収監査）の現場に参加し、買収額などを詰めていきました。人事、法務、財務などの専門家がテーブルを挟んで進める交渉は、ビジネススクールで学んだ理論を実践する貴重な体験となりました。

今では隔世の感がありますけれども、あの頃の製薬・ヘルスケア業界では日本企業がまだ元気でした。そういう自負の表れからか、一部の日本企業には外資系を見下すような風潮もありました。日本BDに移ることになった藤沢の社員は40〜50人ぐらいだったと記憶していますが、私はバレンタイン社長とともに、大阪にあった藤沢の本社を訪ね、その人たちに「自分たちはアメリカの名門企業なので、安心してほしい」「みんなで一緒に頑張りましょう」などと呼びかけました。

しかし、それでも話がスムーズに進んだわけではありません。藤沢側では労働組合が「長年一緒に働いてきた仲間たちを外資に売り渡すのか」と強く反発していたのです。

無理もないことでした。山之内と藤沢のような大手同士の合併は日本の製薬業界開闢《かいびゃく》以来の出来事でしたし、両社の社員たちにしてみても青天の霹靂《へきれき》だったでしょう。そうした中、たまたま藤沢では試薬の販売部門が外資に買収されることになったのです。その人たちの雇用は本当に維持されるのか、待遇は悪化しないのか、そんな不信が藤沢の組合内で渦巻いていたのだと思います。

なんとか説得する手立てはないものか。そう考えあぐねていたところ、救いの手は意外な方面から差し延べられました。藤沢の組合は私の前歴を調べたらしく、ファイザーの組合に対して、私が信用できる人間かどうかを問い合わせたらしいのです。おそらくファイザーの組合は「大丈夫だ」と太鼓判を押してくれたのでしょう。ある日、東京の日本BDのオフィスに藤沢の組合幹部が訪ねてきて、「ファイザーの組合から聞きました。髙倉さんとだったら話ができるらしい」と言いました。

藤沢側の人事担当者も交えた組合との話し合いは数カ月続きました。その結果、藤沢で試薬の販売部門にいた人たちは、定年間近の幹部や早期退職を希望する人を除いて、ほぼすべて受け入れることができました。

もちろん、その中には不本意ながら日本BDに移ってきた人も含まれていたに違いありません。そう考えた私たちは、「今後、どういうキャリアを歩みたいですか」「そのためにどんな研修を受けたいですか」といった希望を聞き取ったほか、給与や福利厚生の面でもできるだけ以前と同じレベルの待遇が受けられるように調整しました。

一連の買収交渉で相手側だった当時の藤沢の人事リーダー、藤間美樹さんたちとは今でも交流が続いています。

その後、日本BDでは、組織の拡大にともなう日本本社の引っ越しプロジェクトや次世代リーダー人財の発掘・採用などに取り組みました。しかし、業績が、本社が掲げる短期目標に届かなかったこともあって、それまでは「本社直轄」だった日本法人の位置づけが「アジア地域本部の傘下」に変わっていく予兆が感じられるようになりました。

そんなとき、「製薬業界に戻ってこないか」とのお誘いがあり、私はノバルティスに転職することになりました。ノバルティスはファイザーと同様、製薬業界のリーディングカンパニーであり、もう一度大きな組織でチャンレジしてみたいという希望が膨らんでいきました。

グローバルチームの一員に

ノバルティスはスイス・バーゼルに本社を置く製薬会社です。私は2006年に日本法人のノバルティスファーマに入社し、人事・コミュニケーション本部の人材組織部長という職に就きました。その部署は英語では「タレント・マネジメント&オーガニゼーション・デベロップメント（TM&OD）」と呼ばれており、採用、育成、評価、登用、新たな組織の立ち上げ、組織風土の醸成といった幅広い領域を担当することになりました。

直属の上司は2人いて、1人はノバルティスファーマ日本法人の人事担当役員、もう1人はスイス本社TM&ODチームのヘッドでした。つまり、日本法人の指揮系統に入る一方、TM&ODグローバルチームの一員として、本社の方針に沿って戦略人事の施策を展開するというのが私の仕事でした。

TM&ODグローバルチームは、世界各地の現地法人で組織開発やタレントマネジメントの仕事に携わるメンバー約20人で構成されており、2週間に1回は電話会議を、3カ月に1度はバーゼルに集まってミーティングを開きました。そこはファイザーとの大きな違いでした。ファイザーでは日本法人は基本的にニューヨークの本社とやりとりをするだけでしたし、たいていのことは本社のトップダウンで決まりました。これに対し、ノバルティスでは、グローバルチームのメンバーとお互いに課題を共有し合いながら、それぞれが自国で仕事を進めていきました。チームのメンバーはいわば、私にとっての同僚に当たり、本社も私たちの意見をわりあいよく聞いてくれました。

ノバルティスに限らず、ヨーロッパの企業は現地法人の主体性を重んじる傾向が見られます。私たちも常に「Think Global, Act Local」と唱えながら、人事施策を打ち出していたことを思い出します。

ノバルティスでは年に1度、世界中の人事リーダー200人ぐらいが集まるカンファレンスも開催されました。場所はヨーロッパでは比較的物価の安い東欧や南欧の都市と決まっていて、当日は本社が人事施策に関する考え方を示すとともに、最新のトピックスなどについて一同が議論を交わしました。ゲストスピーカーも充実していて、ロンドン・ビジネススクールのリンダ・グラットン教授が『ワーク・シフト』を上梓した年は、彼女を招いて講演してもらいました。

この時期、本社が掲げていたのは「HR for HR」というスローガンです。人事メンバーをしっかり育成することに時間とお金を費やしており、人事機能の強化というテーマを経営課題の真ん中に置いているように思われました。本社幹部たちの間で、人事がグローバル規模で強くなれば会社が強くなるという信念が共有されていたに違いありません。

新薬承認に備えて新組織を立ち上げ

私が転職してきて間もなく、ノバルティスファーマの新社長に、GE横河メディカルシステム（現・GEヘルスケア・ジャパン）の社長を務めていた三谷宏幸さんが就任しました。

その三谷さんとともに、次世代経営幹部候補の特定、登用、また外部採用といった将来視点の人財マネジメントを行っていくことが、私にとっての最初の仕事でした。

また、その頃、ノバルティスでは九つの新薬を一斉に上市する予定となっており、これに備えた新組織の立ち上げも急務でした。というのも、MRは新薬の上市前には医師に接触してはいけないルールになっており、MRを抱える営業本部とは別の組織をつくって、そこに適財を配置していく必要があったからです。

この新組織の立ち上げに際して、三谷社長や他の幹部らといろいろ考えて達した結論は、大学院で薬学の博士号や修士号を取得した人たちを集めて、影響力のある医師に接触してもらい、医薬品の情報ではなく、その周辺情報、つまり疾患や治療に関する学術的な情報を提供してもらうという案でした。これが実現すれば、新薬の上市に先立って医師に接触できますし、上市後は新薬をタイミングよく売っていくことが可能となります。組織名称は「サイエンティフィックアフェアーズ（SCA）本部」としました。

このSCA本部は、学術情報に詳しく、なおかつコミュニケーション能力の秀でた人たちが適財となります。ただ、ノバルティスファーマ社内には学術情報を分析整理する部署はすでにあり、そこにも修士や博士がいたものの、その中で医師との円滑なコミュニケーションも交わせそうな人がどのくらいいるかとなると、その数は限られていました。

そこで、私たちが渡ったのがアメリカ・ボストンでした。彼の地では毎年、ボストンキャリアフォーラムという日本人留学生向けの就活イベントが開かれています。そこにノバルティスファーマもブースを出店して、日本での就職を希望している留学生や研究員を採用できれば、きっと新組織の即戦力になってくれるだろうと踏んだのです。

最終的にSCA本部は、MRの中から登用したメンバーを含む総勢約70人の部門となりました。同本部の立ち上げは、将来的な事業活動の価値を先駆的に洞察し、そのための人財要件を定義して適財のプールをつくったという意味では、動的人財マネジメントの実践に当たるプロジェクトだったと思います。

サクセッションプランのグローバル展開

三谷社長がノバルティスファーマで特に力を入れていたのは、サクセッションプラン（後継者育成計画）の策定でした。私たちは、三谷社長が前職のGEで展開していた施策にヒントをもらい、本社の協力も仰ぎながら、日本法人一丸となってこれらを推進しました。

欧米のグローバル企業は、サクセッションプランもグローバルの規模で策定していくのが一般的です。

たとえばファイザーの場合、現地法人の社長、副社長、各部門長をはじめとする約30のポジションが、事業継続のために欠かせない「グローバル・キー・ポジション」と位置づけられていました。現地法人ではこれらのポジションについて、「すぐに任せられる人」「5年後に任せられる人」「10年後に任せられる人」の3階層で後継者候補（サクセッサー）を選び出し、本社に情報を上げていました。候補者の数は「すぐに」は1人、「5年後」は3人ぐらい、「10年後」は10人ぐらいでした。

ノバルティスでもプランのつくり方は基本的に同じで、現地法人がグローバル・キー・ポジションの後継者候補を、「すぐに」「5年後」「10年後」の3階層で選抜して本社に報告していました。ただ、ファイザーと違っていたのは、グローバル・キー・ポジションに就いている人にストックオプションが付与されることでした。それは、自分自身の後継者を上司や人事部門と協力して育成するタスクを負っているからでもありましたし、「あなた自身もステップアップしなさい」という会社からのメッセージでもありました。

また、サクセッションプランを本社に報告する際に、それぞれの候補者が持つ「強み」と、抱えている「課題」を伝えなくてはならない点、また、外部人財も視野に入れていた点はファイザーとは異なっていました。

具体例を挙げましょう。その頃、ノバルティスファーマには、銀行出身で経理や財務の専門性を「強み」として持っている優秀な社員がいて、将来の日本法人のCFO（最高財務責任者）候補となっていました。しかし、その人はまだ海外で働いた経験がないという「課題」を抱えており、強みと課題のギャップを埋める必要がありました。

そういう場合、ノバルティスで活用していたのが「タレント・レビュー・セッション」です。これは、本社のトップや幹部と各地の現地法人の社長たちがサクセッションプランについて話し合う場でした。そのセッションで、日本法人の三谷社長が「日本のCFO候補者に海外経験を積ませたい」と話したところ、アジア地域の社長が「シンガポールに経理のポジションが空いている」と応じ、その候補者がシンガポールで実績をあげれば、次はスイスの本社でさらに経験を積んでもらおう、という具合にプランが描かれたのです。

もちろん、そんなふうに計画的に育てられるのは、選び抜かれた優秀な社員に限られていました。しかし、ファイザーが、どちらかというとアメリカ人社員を中心に投資をしているように見受けられたのに対し、ノバルティスでは国籍の多様性を重んじていて、ローカルの社員を育成しなければグローバル企業としての成長と進化は実現しないというふうに考えているようでした。実際、スイス本社は多様な国籍の人たちで構成されており、それが活力の源になっていたように考えられます。

ノバルティスではサクセッションプランを本社に提出する際に、「別表」で女性の幹部候補を挙げるというルールもありました。もっとも、現地法人の人事責任者としては、これは結構難しい作業でした。当時は事業部門で幹部層を占めていたのは男性ばかりでしたし、そういう人たちに話を聞いて回っても、女性の幹部候補の名前はなかなか出てこなかったからです。

そこで私たちは女性社員だけを見るタレント・レビュー・セッションを日本法人に導入し、女性社員の顔写真とプロフィールを添えた資料を幹部たちに提示して、サクセッションプランの別表に載せられる人たちの発掘に努めました。

おそらくノバルティス本社は「ダイバーシティは戦略である」というふうにとらえていたのでしょう。組織内に多様性を生み出し、それによって新たなアイデアを創出したり事業を切り開いていったりするのは、グローバル企業にとって何より大事なことだと本気で考えていたのだと思います。世界の人事リーダーが一堂に会するカンファレンスでも、参加者の6

〜7割ぐらいを女性が占めていました。

日本法人で新たに立ち上げた事業部のトップに外国籍の幹部が就くこともありました。そういう場合は、事業部のメンバー編成を工夫しなくてはならないため、私たちTM&ODの出番となりました。日本のマーケットに不慣れな事業部長をうまく補佐できそうな日本人社員を事業部に配置して、ビジネスが遅滞なくスタートを切れるようにサポートしました。

長期雇用が生み出す停滞感をどうするか

もう一つ、当時、三谷社長が熱心に取り組んでいたのが、組織風土の改善でした。エンゲージメントサーベイを実施したところ、その結果が必ずしも芳しいものではなかったからです。

日本法人では「あなたは会社から期待されている以上のことをやっていますか」という問いに対する社員の答えが、世界各地の法人の中で最低レベルでした。言われたことはちゃんとやるけれども、それ以上のことはやろうとしない。そういう組織課題が数字にはっきりと表れていました。他にも「自由にものが言えない」「ムダな仕事が多い」「意思決定のスピー

ド が遅い」といった課題が抽出されました。

なぜそうなっていたのか。ノバルティスファーマで働いていて私が感じていたのは、意外と日本企業に似ているところがあるのではないかということです。

もともとアメリカの企業であるファイザーでは、そのときどきの状況に合わせた短期的な視点が重視されていました。先述したように「確率60％ならやってみよう」という大胆な意思決定がなされていましたし、利益が出ていなければ人件費を一気に削るといった措置も断行されていました。

これに対し、ヨーロッパの企業として興ったノバルティスは、中長期的な視点を比較的大事にしていました。もちろんローパフォーマー対策はやっていましたけれども、いきなり社員をリストラするようなケースはなく、現に日本法人では社歴の長い幹部や社員が多く働いていました。

長期雇用は、長い目で人財育成ができるという点ではメリットがあります。しかし、組織内の各階層にベテラン社員が多いと、何か物事を決めようとする際に前例を踏襲したり、社内政治や根回しが多くなったりして、そこから停滞感や閉塞感がまん延する傾向は否めません。ノバルティスファーマでは、そういう組織風土がエンゲージメントの低下を引き起こしていたのではないかと思われました。

ＢＣＧ出身でもある三谷社長は、エンゲージメントサーベイの結果を専門機関に依頼して統計的に解析しました。そのうえで、幹部合宿を開催して、問題となっている現象やその奥に潜んでいる根本原因（Root Cause）をあぶり出し、組織活性化に向けたアクションプランを練り、外部のコンサルタント会社の協力も得て風土改善に向けて手を打っていきました。プランの達成具合についても毎年、部門別にウォッチしていました。

本社側も組織風土の醸成にはエネルギーをかけており、各現地法人における議論やアクションの効果をつぶさに見ていました。

目の前で起きたジャパン・パッシング

ノバルティス本社は現地法人の主体性を重んじ、長期雇用にも理解を示してくれたのですが、その一方で経営資源の配分については厳しい目で見ており、グローバル最適を優先していました。

その象徴とも言える出来事が、２００８年に実行された筑波研究所（茨城県つくば市）の閉鎖でした。これにより、日本法人であるノバルティスファーマは創薬事業から撤退することになりました。

理由は至極単純で「新薬を開発できないから」に尽きます。同じ時期、バイエル薬品、ファイザー、万有製薬（メルクの日本法人、現・ＭＳＤ）といった外資系製薬会社の国内研究所が同じ理由で次々に閉鎖されました。どんなに優秀な研究者を集めて有意義な研究開発を推し進めていても、その成果として新製品が市場に出て会社に利益をもたらさなければ意味がない。本社がそう判断して、研究開発拠点としての日本を見限っていったのです。日本に代わって新たに拠点となったのは、中国をはじめとするアジア地域であり、ノバルティスも２００７年に上海に研究開発センターを開設していました。

かつて日本が経済大国への階段を駆け上がっていた１９８０年代半ば、貿易赤字に苦しむアメリカを中心に「ジャパン・バッシング（日本叩き）」が起きましたが、この頃、流行っていたのは「ジャパン・パッシング（日本素通り）」という言葉です。私たちの目の前に起きていたのも、研究所閉鎖・創薬事業撤退というジャパン・パッシングでした。

そうしたさなか、大いに気概を示したのはファイザー日本法人の研究所だったかもしれません。閉鎖の決定を受けて、当時の所長と一部の社員がＥＢＯ（エンプロイー・バイアウト：

従業員による買収）によって独立し、新たに創薬会社を起こしました。この異例の展開を知ったときは、そういう手法もあるのかと驚きました。

ノバルティスファーマでは、筑波研究所の閉鎖が決まった後、人事の責任者の一人だった私は研究員たちに対して、他部門に移るか、国内の他の製薬会社に転職するかという選択を迫らざるをえませんでした。志の高いサイエンティストの居場所が自社から失われていくのは寂しいものでした。

その一方で、「研究所閉鎖は仕方のない措置かもしれない」という気持ちもどこかにありました。というのも、私はＳＣＡ本部を立ち上げるためにボストンに赴いたとき、ノバルティスの研究開発を統括するバイオメディカル研究所を視察していたからです。同研究所はマサチューセッツ工科大学（ＭＩＴ）に隣接するエリアに置かれていて、付近にはファイザーその他の製薬会社の研究所も林立していました。その風景を目にしたとき、正直なところ、「これは、日本はかなわないな」と感じました。

もちろん大学側と製薬会社の研究所が直接的な情報交換をしているわけがなく、むしろ双方とも情報漏えいには配慮しているように思われましたが、近隣に世界最先端の研究に携わる産学の人たちが集まっていれば、自ずと相互交流は盛んになるでしょうし、お互いに知的刺激を与え合う機会も生まれるはずです。そういう大々的な産学連携の姿を想像し、彼我《ひが》のレベルの差を思い知らされました。

いずれにせよ間違いなく言えるのは、研究所の閉鎖は単に創薬事業の停止だけを意味していたわけではなく、日本法人自体の地位低下を物語ってもいたということです。なぜなら、創薬のできない現地法人は、他の国や地域で開発された新薬を自国で売るだけの「支店」や「営業所」に近い存在になってしまうからです。

当時、よく似た現象は他の業界でも起きていて、たとえばP&Gは2009年に、神戸に置いていたアジア本部をシンガポールに移しました。これにより、研究開発やマーケティングの機能もシンガポールに移ることになり、P&Gジャパンがあたかも「販売会社」のような位置づけになってしまったのは残念なニュースでした。

そして、この頃から考え始めたのが、外資系企業での経験を生かして日本企業のグローバル化に貢献するというキャリアチェンジです。グローバル市場での日本の位置づけはこのままでよいのか。何か貢献できないかと考え始めました。実は、ノバルティスファーマの次に別の外資系日本法人の人事責任者を担った時期もありましたが、たまたまエグゼクティブリサーチの方から「味の素が、本格的なグローバル化を目指して人財マネジメント・プラットフォームを構築するために外資出身者を探している」と聞いたときは、がぜん意欲がわきました。もともと農水省がキャリアの始まりでしたから、食の分野にも関心がありました。

味の素側とは何度か面接を繰り返し、２０１４年に入社が決まりました。

第3章

適材適所から適所適財へ

——日本企業のグローバル人事制度改革

総論賛成・各論反対の空気

味の素は創業当初から海外進出に積極的だった企業です。1909年、うま味調味料の製造・販売を始めると、翌1910年には早くも台湾に特約店を置き、1917年にはアメリカ・ニューヨークに事務所を開きました。

戦後も1947年に対米輸出を再開し、1950年代から60年代にかけて、南米、東南アジア、ヨーロッパなどに現地法人を設立していきました。

2014年3月末時点では、26の国や地域で事業を、130の国・地域で製品を展開していました。2014年度の売り上げのうち、海外食品は3267億円に上っており、国内食品の3218億円をすでに上回っていました。2019年度は海外食品が4776億円、国内食品が3753億円と、その差はさらに広がりました。

もちろん、その理由は、国内市場が高齢化と人口減少にともなって縮小の一途をたどっているからです。海外市場に活路を見いださなければ将来の成長が見込めないということで、新たな事業戦略が検討されていました。

そうした中、味の素は現地法人への権限委譲も積極的に進めてきました。食文化や嗜好は国や民族によって異なるため、日本人が好む味が海外でも受け入れられるとは限らないからです。商品開発やマーケティングをそれぞれの国・地域に任せ、現地スタッフの能力とやる気を引き出す、というのが味の素におけるグローバル経営の重要方針であり、グループ全体で抱える従業員三万数千人のうち、約7割を占める外国籍メンバーのエンゲージメントがとりわけ重要になります。

とはいえ、グローバルで統一した人事制度を新たにつくるとなると、それはそれでハードルがかなり高いように感じられました。というのも、欧米のビジネスパーソンの多くは、自分のプロフェッショナリティに対する誇りに突き動かされて働きますが、日本のビジネスパーソンの多くは、自分が会社に所属していることに誇りを感じて働いている点が強みと思われたからです。味の素もそんな社員や幹部が多いように見受けられ、そのような状況でいきなりグローバル人事制度を導入できるのだろうかと不安をおぼえました。

実際、社内には「総論賛成・各論反対」の空気がありました。人事制度をグローバル化すれば、雇用システムはメンバーシップ型からジョブ型へと移行せざるをえませんが、そうすると年功序列の職能資格制度は崩れ、現在のポジションが再検討の対象となる管理職が出てくる可能性があるためです。

そういう事態を感じてか、「〝出島〟をつくればいいのではないか」という意見を口にする人もいました。これは、約3割の日本人社員については従来の職能資格制度を維持して、新たにつくるジョブ型の制度は〝出島〟として海外法人の社員だけに適用すればいいのではないかという考え方です。

人事制度のグローバル化やジョブ型の導入に対する抵抗感は、最初の段階ではやはり根強く、経営会議では「何のためにやるのか」「やる意味がわからない」といった声が飛び交っていました。私は毎日のように人事担当役員の部屋に呼ばれ、改革の意義をめぐって禅問答のような会話を繰り返しました。

日本人男性中心主義からの脱却

社内にグローバル人事制度に理解を示してくれる人がいなかったわけではありません。特に海外の現地法人で活躍して本社に戻ってきた幹部たちは、日本以外の国や地域では年功序列人事など通用しないことを知り抜いていましたし、優秀な外国籍社員には市場価値に見合う給与を払い、年齢を問わずにどんどん抜擢していかなければ、競争力を維持できないこともよくわかっていました。

そういう人たちからは「〝本丸〟の日本が一番遅れているのでは」というコメントも出始めました。

2015年に就任した西井孝明社長（当時）も「グローバル人事は必ずやる」という姿勢を崩しませんでした。

西井社長は人事部長を経験しており、その間に一度、人事制度改革に乗り出そうとしたこともあったそうです。社長就任前にお話ししたとき、「高倉さんがやろうとしているのと同じようなことを考えていたんだよね」と言いながら、人事部長時代の当時の資料を見せてくれました。そこには「日本人男性中心主義からの脱却」と書かれており、「今ならできるかもしれない。後押しするからやってみてほしい」というお言葉もいただきました。

私が率いていた「グローバルHRグループ」という部署も、兼務だったメンバーが専任になったり、新たにメンバーが加わったりして拡充され、私たちは外部のコンサルタントの意見も取り入れながら、制度を設計していきました。その結果、入社後1年ぐらいを経てようやく立案に至ったのが、ポジションマネジメントとタレントマネジメントを両輪とする「グローバル人財マネジメント・プラットフォーム」です。

「２０２０年にグローバル食品メーカーのトップ10入りを果たす」というビジョンを掲げていた味の素は、２０１４年から２０１６年にかけての中期経営計画で「確かなグローバル・スペシャリティ・カンパニー（Genuine Global Specialty Company：ＧＧＳＣ）の実現」という目標を掲げていました。

この場合の「スペシャリティ」とは、味の素グループの強みの源泉であるバイオ・ファイン技術に立脚した素材力というハードの力と、顧客機会を見いだして顧客価値を創造していくソフトの力の融合から生まれる高い付加価値を指しています。そういった自社のスペシャリティを活かして「コンシューマー食品」と「アミノサイエンス」という強い２本柱を建て、社会価値を創造するとともに、それを経済価値につなげていく、そういう道筋が中計では示されていました。

私たちはこの全社目標を踏まえて、ＧＧＳＣの実現に向けては、「個人の継続的かつ自律的な成長」と「会社の業績と組織ミッションの着実な達成」、つまり個人の成長と会社の成長を同期させる必要があり、そのためには、自社で培ってきた共通の価値観（味の素グループWay）を反映させた「ポジションマネジメント」と「タレントマネジメント」の両輪が欠かせないというロジックを組み立てました。

こうした論理構成はやや堅苦しく感じられるかもしれません。しかし、人事の要諦はコミュニケーションにあり、しかも組織内で伝わりやすい言葉はその組織の文化や風土によって異なります。その点、味の素では海外法人を含めて、論理的な表現が受け入れられやすい社風があったため、私の考えをグローバルＨＲグループのメンバーが社内に伝わりやすいように翻訳してくれたのです。

「適所適財」へのパラダイムシフト

ポジションマネジメントとタレントマネジメントについて、もう少し詳しく説明しましょう。

企業が事業戦略を遂行し、ミッションを着実に達成していくためには、組織が必要とする職務と人財の要件を明確にしなければなりません。人事部長を例に挙げるなら、「人事部長はどのような任務を遂行すべきなのか」という将来を見据えた職務要件と、「人事部長に就く人にはこういう能力や資質が求められる」という人財要件を定義しなくてはなりません。これを、社内でキーとなるすべての職務に関して行うのがポジションマネジメントであり、各キーポジションの職務要件と人財要件はジョブディスクリプション（職務記述書）に記載します。

他方、企業は自社内で人財の発掘と育成を促進し、優秀な社員を早期に重要なポジションに登用する必要もあります。従来、日本の産業界では「適材適所」という言葉が用いられてきましたが、これは、ジェネラリストとして育成した社員に合わせてポジションを用意するという考え方であり、私たちが打ち出したのは「適所適財」へのパラダイムシフトでした。将来の事業ポートフォリオをにらんで人財ポートフォリオを組み、戦略上必要なポジション（適所）に最適なタレント（適財）を任用、登用していく、そういう動的な人財マネジメントへの転換を促したのです。

このグローバル人財マネジメント・プラットフォームの対象としたのは、一定規模の組織または戦略的な要職で、部下を持っている国内外合わせて約１２００のグローバル・キー・ポジションでした。そして、各ポジションに将来にわたり必要な職務条件、人財要件を記載したジョブディスクリプションを作成し、そこに適財を割り当てていく方針を定めました。

言い換えれば、それは、この約１２００のポジション以外ではジョブ型を適用しないことを意味していました。グローバル人事制度は、第一段階として、全社戦略の推進及びグローバル事業の展開をリードする人たちをマネジメントするために構築すればいいのであり、それ以外の人たちについては、各職場で段階的に能力開発をサポートする職能的な制度を継続してもよいというふうに考えました。

また、ジョブディスクリプションの作成にあたっては、欧米企業のように個々のポジションの活動レベルまで細かく記載してしまうと、相互の連携がしづらくなったり、組織の柔軟性が失われたりしかねないため、会社の目指す方向性に連動したミッションを明記する形に仕上げました。

「この制度を共通の枠組みとして運用して、世界中から優秀な人財を探し出し、必要なポジションに就いてもらうことが、ダイバーシティの実現に向けた一歩につながる」。西井社長はそう話していました。

ちなみに、「適所適財」は今でこそあちこちで聞くフレーズとなりましたが、この絶妙な言い方を思いついたのは、私たちのチームの優秀なメンバーでした。そのことを私は誇らしく思うと同時に、人事発信のコミュニケーションの重要性を改めて実感しています。

「椅子のサイズ」をオープンに

かつての味の素では、執行役員クラスより下の組織構造がピラミッド型ではなく、「上底が長くて下底が短い台形」になっていました。それは、勤続年数の長い人たちが「担当部長」や「担当課長」といったポジションに就くことが多かったためです。

しかしグローバル・キー・ポジションを設定したことによって、担当課長や担当部長のポジションは見直され、組織構造は台形からピラミッド型に変わりました。それは組織にとっては健全なことでしたが、職務の定義が不明確なことから、自分自身のポジションが見直しの対象となったミドルや、その予備軍のモチベーション低下が懸念されました。

そこで私たちが考えたのは、部下を持ち、組織を牽引する管理職としての課長・部長とは別に、専門職としての「マネージャー」「シニアマネージャー」という肩書を新設し、担当課長や担当部長ではなくなった人たちに付与することでした。管理職と専門職のラダー（職階）の行き来もできるように担保し、社内に不満が生じないよう留意しました。企業が専門性の深化をますます求められる中、この制度は将来への布石となったと自負しています。

もう一つ、ポジションマネジメントを確立するにあたっては、「椅子のサイズ」、つまりそれぞれの職務の職責の大きさに応じた等級と、その給与テーブルを再設計する必要もありました。

その際にチームのメンバーから上がってきたのが、「椅子のサイズである等級とジョブディスクリプションを社内に開示しましょう」という提案でした。

私自身は、ジョブディスクリプションはオープンにしようかなと思っていました。グローバル・キー・ポジションの職務要件と人財要件が周知されていれば、やる気とポテンシャルのある若手社員にとっての成長に向けたメルクマールになるからです。

しかし、椅子のサイズである等級をオープンにすることは想定していなかったので、メンバーの提案には少々たじろぎました。グローバル・キー・ポジションに就いている人がそれぞれどのくらいの月々の固定給与をもらっているのかがすべてオープンになってしまうと、社内で波紋を呼ぶのではないかと不安を抱いたのです。

ところが、この提案は経営会議ですんなり通り、味の素では2016年の新人事制度導入と同時に各職務の等級をオープンにしました。その結果、スムーズに進むようになったのが、グローバル・キー・ポジションにおける適財の登用です。つまり、各職務の人財要件を見える化したことで、職責の大きな「椅子」にポテンシャルの大きな人財が座る必要になるなど、それぞれの「椅子」の特性に合った人財を抜擢する必要性についての納得感が高まりました。そのことは、意欲的な若手を勇気づけるとともに、優秀な外国籍の社員たちに「いつかは本社で働きたい」という希望を与えることにもつながりました。

ただし、こうしたポジションマネジメントの徹底によって、運用する側に負荷がかかったのも事実です。すべてのグローバル・キー・ポジションについてのジョブディスクリプションと給与等級を状況に応じて常にメンテナンスしておかなくてはならず、私たちのチームでは新たに専門の担当者を2人置いてその業務に従事してもらいました。新たな人事制度を組織に定着させていくためには、スムーズな運用ができるかどうかがカギとなります。そのことも身をもって感じました。

リーダーシップ要件を定義する

タレントマネジメントは、将来、グローバル・キー・ポジションに就くことになりそうな候補者を特定するところから取りかかりました。

ただ、そのためにまず、自社の将来を担うリーダーの要件を定義する必要があり、私たちは海外法人の人事担当者も集めてワークショップを開きました。ワークショップでは、中期経営計画に書かれている戦略を読み解きつつ、組織コンサルティングファームのコーン・フェリーが分析、整理しているリーダーシップ要件を参考にしながら、味の素のリーダーに求められる要件を抽出していきました。

しかし、その結果を経営会議に報告したところ、出席者から「リーダー要件の定義は経営課題であり、人事のメンバーだけでできるものではない」という声が上がりました。そこで、西井社長をはじめとする経営幹部たちで改めてワークショップをやり直し、定義したのが以下の10項目です。

◆顧客志向
顧客と強固な関係を構築し、顧客の立場に立った解決策を提案する

◆複雑な状況への対処
複雑で大量の、ときには相互に矛盾する情報について把握したうえで、効果的に問題を解決する

◆判断の質
適切でタイムリーな判断を下すことで、組織が前進し続けられるようにする
◆戦略的思考
将来の可能性を見極めたうえで、現状を打破する戦略を策定する
◆責務の遂行
約束（コミットメント）を果たすために、自分で責任を持ち、他の人にも責任を持たせる
◆ネットワークの活用
組織内外の公式・非公式のネットワークを効果的に活用する
◆人財の育成
部下のキャリア目標と組織目標の両方を達成するために、部下を育成する
◆ビジョンと目的の推進
説得力のあるビジョンと戦略を描くことで、周りの人を動機づけ、行動を起こさせる
◆勇気ある対応

困難な課題にも進んで取り組み、必要なときにははっきりと主張する

◆あいまいな状況への対応

物事が不確実なときや前途が不明確なときでも効果的に業務を遂行する

味の素では、こうしたリーダー要件のポテンシャルと毎年の業績評価という2軸で社員をプロットしてタレントポートフォリオをつくりました。

さらにその中から、グローバル・キー・ポジションを「すぐに任せられる人」「5年後に任せられる人」「10年後に任せられる人」を選び出して「グループ基幹人財候補」とし、HRITシステムを用いてデータベース化していきました。

優秀人財は全社のアセット

もっとも、こうしたタレントマネジメントの仕組みも、すんなり受け入れられたわけではありません。幹部たちは、優秀な部下をできるだけ手元に置いておきたいと考えがちで、そういう部下がグループ基幹人財候補に選ばれて、サクセッションプランに組み込まれるのを

全面的に賛成しないメンバーもいました。

優秀な部下を配下に置いて仕事を任せていれば、上司としての幹部の負担は減りますし、そういう部下がサクセッションプランの一環という理由でよその部門や部署に異動してしまうのは、幹部にとってはやや迷惑な話だったのかもしれません。

しかし、タレントマネジメントの実効性を下げるわけにはいきません。私は、西井社長が出席する会議の場で、「優秀人財は全社のアセットであり、計画的に育成する必要があります」と訴え、幹部それぞれに、自分の部門を「すぐに」「5年後に」「10年後に」任せられそうな部下の名前を挙げてもらいました。

そうすると、議論は自ずと前向きになり、「営業の○○君は優秀だから早めにマーケティングも経験させておいた方がいいのではないか」「だったら、あの部署に異動させて育成するのはどうか」という具体的な話が出てきて、一連の仕組みについての理解が一気に深まりました。当初は「優秀層のリストは全部、僕の頭の中に入っているから、そんな仕組みは必要ない」と豪語していた幹部も仕組みの趣旨に賛同してくれました。

実際のサクセッションプランは、グローバル・キー・ポジションの職務要件や人財要件を踏まえて検討し、日本人600人、外国籍400人のグループ基幹人財候補を、「すぐに」

「5年後」「10年後」という三つのレイヤーで特定していきました。

各候補の写真を含むデータをＨＲＩＴシステム上で見ながら、サクセッションプランの進捗を管理する「人財委員会」を、国内・海外で開くことも決まりました。

この人財委員会では、あらかじめ出席者に、自分がグループ基幹人財候補に挙げた部下のリーダーシップを先述の項目ごとに5点満点で採点するという事前課題を出しておき、会議の場で採点理由を説明してもらいました。

このやり方は、各候補のリーダーシップが数字によって可視化されるという意味でも、幹部が各候補の能力や資質に責任を持つという意味でも、効果が大きかったと思います。グローバルで統一したリーダーシップ要件に基づいて議論していると、候補の出身や国籍に関係なく、「誰が優れているのか」という観点で話ができますし、幹部たちの間にも「適所適財とはこういうことか」という納得感が広がっていきました。

当初、人財委員会は日本の本社において、西井社長以下の経営幹部が一堂に会して年に１回開いていましたが、途中からは、国内では部門ごとに年３回、海外では地域ごとに年２回開き、各会議体で議論した内容を全体の人財委員会に年２回報告する形に改められました。

最先端のリーダー育成研修を

さらに２０１８年度からは、サクセッションプランに名前の挙がっているグループ基幹人財候補を対象に、「味の素グループアカデミー」と称するグループ共通の教育プログラムを開始しました。

プログラムはリーダーシップの強化と専門性の向上を目的とし、「ＧＬＳ（Global Leaders Seminar）」「ＦＬＳ（Future Leaders Seminar）」「ＬＬＳ（Leadership & Literacy Seminar）」の３コースを設定し、受講者は、ＧＬＳは次世代経営幹部候補から、ＦＬＳは本社の部長予備軍や海外の部長クラスから、ＬＬＳは本社の管理職予備軍や海外の新任管理職から選抜しました。

西井社長は「アカデミーを世界最先端のプログラムにしたい」との意向を示しており、ＧＬＳはスタンフォード大学やカリフォルニア大学バークレー校から、ＦＬＳはインシアード経営大学院（シンガポール）から講師陣を招いて開講し、ＬＬＳは国内の研修企画会社と一緒にコンテンツをつくりました。ＧＬＳのコースは英語のみ、ＦＬＳは日本語の同時通訳を入れ、ＬＬＳでは講師が外国籍の場合は通訳を入れました。

研修会場には、創業者・二代鈴木三郎助の邸宅跡に建設された味の素グループ高輪研修センターを使いました。同センターの敷地内には、和風建築の一部や日本庭園が保存されており、海外からやってきた受講者たちは日本文化に親しみながら、学びを得ることができました。日本人受講者にとっても、欧米、アジア、南米、アフリカなど世界各地から集まってくる受講者たちとともに学び、交流する経験を通じて、グローバル経営とはどういうものかを体感できる貴重な機会になったと思います。

庭園の一角には、「一華庵」と名づけられた茶室も残されていました。この名称は、社員のポテンシャルが「華開く」というアカデミーの目的と合致しており、この施設でグローバル研修を開催できたことは、今でも私にとっての誇りとなっています。

アカデミーは、本社幹部たちが優秀人財を発見する機会にもなりました。なぜなら、研修に立ち会って、受講者が課題について考えたり討議したりする様子を観察していると、各受講者の思考力や課題解決力が手に取るようにわかるからです。

アカデミーで優秀なノンジャパニーズが見つけ出された場合は、本社幹部が出張した折に本人の仕事ぶりを確かめて人財委員会に報告し、さらなる成長を促すための異動や登用を進めていきました。

価値創造を自分ごと化する

２０１４～２０１６年度の中期経営計画で、味の素は「ＡＳＶ（Ajinomoto Group Shared Value）」を掲げました。

これは、ハーバード・ビジネススクールのマイケル・ポーターらが２０１１年に提唱したＣＳＶ（Creating Shared Value：共有価値の創造）という概念にちなんだ戦略目標です。ＣＳＶは、企業が本業を通じて社会的価値を生み出すと同時に経済価値も生み出すという考え方で、味の素はこれに倣《なら》って自社の価値創造をＡＳＶと呼ぶようにしたのです。

さらに２０１７年度スタートの中計では、社会的価値を生み出す非財務目標が以下のように定められました。

① グループ調味料による肉・野菜の摂取量
② グループ製品による共食の場への貢献回数
③ グループ製品を通じて創出される時間
④ アミノ酸製品（アミノサイエンス）を通じた快適な生活への貢献人数

⑤　調達・生産・消費を通じた環境問題の解決
⑥　働きがいを実感している従業員数の割合

当時、これらすべてについて数値目標が設定され、社会的価値を経済的価値につなげるストーリーがより明確に示されました。

これを受けて、私たちは海外の法人で働く人たちにＡＳＶを広めていく役割を担い、各国・地域を巡回してワークショップを開きました。その際に留意したのは、ＡＳＶを単に理解してもらうのではなく、個人レベルの目標にまで落とし込み、「自分ごと」として実践してもらうことでした。

社会的価値と経済的価値の共創を追求するＡＳＶは、外国籍社員たちの自社に対する誇りを高め、エンゲージメントの向上につながったと思います。ワークショップで、ＡＳＶがグループ全体の共通基盤であることを強調したところ、参加者からは「改めて、いい会社だと思った」「こういう会社で働けてよかった」といった声が聞かれました。

特に欧米の場合、味の素の企業としての認知度はまだ必ずしも高くなく、うま味調味料の主原料であるＭＳＧ（グルタミン酸ナトリウム）にマイナスイメージを抱く消費者もいるため、

ＡＳＶのワークショップを通じて、社会に価値を生み出している会社で働いていることに喜びを見いだした現地社員は多かったでしょう。

２０２０年〜２０２５年の中期経営計画では、「自身の業務を通じてＡＳＶを実践していることを家族・知人・取引先などに話すことがある従業員」の割合が、「従業員エンゲージメントスコア（ＡＳＶの自分ごと化）」のＫＰＩ（重要業績評価指標）に定められ、２０１９年度に55％だったスコアを80％に伸ばす目標が立てられました。

ベトナム法人から学んだＡＳＶ

２０１６年度からは、ＡＳＶを体現する優れた取り組みを表彰する「ＡＳＶアワード」も始まり、第1回は「ベトナムにおける栄養改善への取り組み」が大賞に選ばれました。これは、日本式の学校給食システムを現地に導入し、併せて栄養士関連の制度も構築していくことで、社会的価値を生み出し、それを経済価値につなげようというプロジェクトでした。

当時、ベトナムの学校給食は各校の教員や調理スタッフに任されており、栄養バランスに関するガイドラインも示されていなかったため、子どもたちの健全な発育に役立つ給食が提

ベトナム味の素社がホーチミン市で2012年に立ち上げた「学校給食プロジェクト」。日本の学校給食のシステムを応用している。写真提供：著者

供されているとは言えない状況でした。その結果、農村部を中心に、栄養素が不足した低身長・低体重の子どもが少なくない一方、都市部では偏った食生活によって肥満や高体重になってしまう子が増えていました。

こうした課題を解決するために、現地法人・ベトナム味の素社が立ち上げたのが「学校給食プロジェクト」であり、栄養バランスのとれたメニューを作成できるソフトウェアを開発、公開し、教育訓練省や保健省に働きかけて、各地の小学校に導入していきました。

栄養士制度の創設プロジェクトは、味の素イノベーション研究所が、ベトナム味の素社や現地の政府関連機関と連携して進めました。ハノイ医科大学に栄養学学士のコースが設け

られ、味の素グループは、奨学金制度の創設や教材の作成をサポートするとともに、専門家を招いた栄養生理学の講義も行いました。

こうした取り組みを本社がＡＳＶの実践例として評価し、表彰したことは、グループ全体に向けたよいメッセージになったと思います。もともとベトナムは味の素商品の人気が高い国ではありましたけれども、学校給食システムの導入や栄養士の育成を通じて現地の社会課題が解決され、なおかつ味の素の会社としての評判が高まり、商品の売り上げも伸びるというストーリーは、社員にとってわかりやすく、納得感のあるものでした。

ＡＳＶのような戦略目標は、社員が「共感」し、「自分ごと化」した後、「行動」に移すことで組織内に浸透していきます。ベトナムにおける栄養改善への取り組みにはそのすべてがそろっていたと思っています。

アワード決定後、私はこの事例を味の素グループアカデミーのコンテンツにしようと、一橋ビジネススクールの一條和生教授（現・ＩＭＤ教授）にリサーチを依頼し、現地に同行しました。一條先生とは、味の素がモデルキッチンを設置していた小学校を一緒に訪れ、学校関係者や子どもたち、親御さんたちにもインタビューをして、学校給食についての意見を聞き取りました。給食メニューに関するソフトもこの目で見ましたが、栄養バランスだけでなく、食材の市場価格を反映したコスト試算もできるように設計されており、素晴らしい出来ばえで、現地のスタッフのエンゲージメントの高さに感動しました。

アカデミーではＧＬＳとＦＬＳのセッションでこの事例を使い、ＡＳＶの意義とその実践に向けたリーダーシップをテーマに、一條先生が、このプロジェクトを牽引した当時のベトナム法人長とともに英語で講義をされました。自社の事例を使った研修はノバルティスファーマ時代にもやりましたが、受講者がコンテンツを初めから「自分ごと」としてとらえることができるので、「行動」に向けた意欲もわきやすく、学習の効果が高まります。

グローバル基準を目指した働き方改革

私が在籍していた頃の味の素では、「働き方改革」も主要な経営テーマとなっていました。２０１５年、西井社長は、平均２０００時間近かった年間総実労働時間を１８００時間に減らすと宣言し、自ら改革の先頭に立ちました。ただし、その目的は単に残業時間を減らしてワーク・ライフ・バランスを実現することではありませんでした。

味の素の働き方改革ではっきりと目標に掲げられていたのは、グローバル企業への転換です。世界市場で競争していくためには、世界中の優秀人財が働ける環境を整えてイノベーションを起こさなくてはならない。しかし、長時間労働が当たり前の組織では、優秀な人財を集めることができない。西井社長はそう考えて、残業を前提とする日本流の働き方を、定時終業を前提とするグローバル基準の働き方に改めようと呼びかけました。

日本経済新聞社の石塚由紀夫編集委員が取材、執筆された『味の素「残業ゼロ」改革』（日本経済新聞出版社、2019年）に詳しく綴られていますが、西井社長はかつてブラジル法人で社長を務めていたときに、現地の社員たちが残業せず、有給休暇もたっぷりとって、なおかつ高い成果をあげているのを見て驚いたといいます。その経験から、海外の法人で当たり前になっている働き方が日本国内で実現できていなければ、グローバルレベルで人財マネジメントを展開することは不可能だと感じ取っていたのでしょう。

2015年以降は、会議の削減、定時終業時刻の午後4時30分への変更、週に1日出社すればOKの「どこでもオフィス」の導入、フリーアドレスとペーパーレス化というふうに施策が次々に打ち出され、2018年度には年間総実労働時間1820時間を達成しました。

こうした成果を受け、外国人財を受け入れる機が熟したと判断した西井社長は、海外法人から本社への受入出向を本格化させました。私は各国・地域を回って、日本に呼び寄せるべき優秀人財を現地法人にリストアップしてもらい、自分でも面接して本人の意思を確認しました。

私たちのチーム（この頃はグローバル人事部へと組織が拡大していました）にも、3カ月に1度のペースで、海外の人事担当者が短期配属されるようになりました。その効果は本人にとってはもちろん、受け入れる側の私たちにとっても絶大でした。

日本人だけが働いていた職場に外国籍の社員が一人でも入ってくると、英語で会話をする場面が多くなるだけでなく、日本のビジネス習慣を外国籍社員に説明する必要性が生じます。外国籍社員から「日本では、なぜこんなことをやっているんですか」と尋ねられたのがきっかけとなって、業務の進め方を見直すこともありました。

何より、世界各国・地域から外国籍の人事担当者が代わる代わるやってきて、3カ月間だけでも一緒に働いていると、お互いに同じチームの一員なのだという一体感が高まります。

私たちは年に1回、東京でグローバル人事チームの会議も開き、各地の現地法人からやってきた30人ほどの人事責任者たちと課題の共有や意見交換を行いました。最終日には屋形船に乗ったりカラオケを楽しんだりして親睦を深め、チームの一体感を醸成しました。

こうしたグローバル人事チームの交流は、各国・地域の法人における人財マネジメントのレベル向上にも役立ち、国や地域をまたいだ人財の計画的登用につながりました。また、チームのメンバー同士の人間関係は、新たな人事制度を運用、展開していくうえでも欠かせないものでした。

〝母屋〟の隣に〝離れ〟を建てられるか

このように味の素のグローバル人事制度改革は、ポジションマネジメントとタレントマネジメントを両輪としたジョブ型雇用への移行によって達成されました。しかし、制度設計に携わった当事者としては、グローバル経営に見合った人財マネジメントの重要性を再認識しつつも、単に雇用システムをジョブ型に変えただけでは意味がないとも考えていました。

なぜなら、企業が持続的に成長していくためには、常に新たな事業を起こし、社内に新たな仕事（ジョブ）を生み出していかなくてはならないからです。自社の将来を見据えて戦略的に事業ポートフォリオを構想し、その実現に向けて動的な人財マネジメントを構築する。そういう「ジョブ創出型」の体系が必要ではないかと危機感をおぼえていたのです。

外資系製薬会社では、たとえば循環器のブロックバスターがいずれはジェネリックに取って代わられるだろうと想定される場合には、アンメット・メディカル・ニーズ（有効な治療法が確立していない希少疾患などに関する医療ニーズ）の市場に活路を見いだしていました。これは、いわば循環器薬という〝母屋〟の隣に〝離れ〟を建てておく戦略です。アンメット・メディカル・ニーズは市場規模こそ小さいものの、新薬の単価が高く設定できるため、あらかじめそういう〝離れ〟をつくっておいて、〝母屋〟が行き詰まったときの事業転換に備えていました。

けれども、多くの日本企業では、新規事業の立ち上げははかばかしくは進んでおらず、不採算事業から撤退して新たな市場に自社の将来をかけるといった挑戦もなかなか見られません。にもかかわらず、ジョブ型を導入しただけで終わりにしていいのだろうか。〝母屋〟の事業しか手掛けておらず、上に行くほどポジションが少なくなるジョブ型の組織から、将来性のある新たなジョブは生まれるのだろうか。そんな危惧が頭を離れませんでした。

社内には私と同じような考えを持つ幹部もいて、その一人が、当時経営企画部長を務めていた佐々木達哉さん（現・執行役専務）でした。あるとき、新規事業の立ち上げやジョブ創出の必要性について話し合っていると、佐々木さんは「地方創生は一つの軸になりうる」とヒントをくれました。

「地方で面白いことをやっている若者から学ぶところは大いにあるから、行って話を聞いてみたら?」

そう言って彼が紹介してくれたのが、島根県隠岐諸島の海士町でベンチャーを起こした阿部裕志さんでした。

海士町の地方創生に経営モデルを見いだす

海士町は地方創生のトップランナーとしてその名をよく知られています。「ないものはない」をキャッチフレーズに、行政と住民が一体となって島のブランド化に取り組んでおり、Iターンで移住してくる20~40代の働き盛りも多くいます。

阿部さんは京都大学大学院工学研究科を修了後、トヨタ自動車で生産技術エンジニアとして働いていましたが、現代社会のあり方に疑問を抱いて、2008年に海士町に移住。持続可能でしあわせな未来を次世代に手渡すことを目的に「株式会社巡の環(めぐりのわ、2018年「株式会社風と土と」に社名変更)」を創業し、地域づくり・人材育成・出版の3領域で事業を展開しています。

地方創生の事例としてしばしば取り上げられる島根県海士町の遠景。ビジネスの経験が豊かな人財も移住してくる。写真提供：著者

そんな阿部さんの取り組みに佐々木さんは関心を抱き、味の素に招いて社内向けの講演会を開いたこともありました。また、2016年には、阿部さんの会社が人材育成事業の一つとして運営している研修「海士五感塾」に味の素の労組幹部が参加し、「変革への挑戦」というテーマで3日間にわたって学んでいました。

私自身は講演や研修には直接かかわりませんでしたが、後日、夫とともに海士町を訪ねて阿部さんとお会いしました。その折、いろいろとお話をうかがっていて感じたのは、ものを開発し、生産し、売っていく事業の先にあるのは、人々が幸福に生きられるコミュニティや社会をつくり出す事業ではないか、ということです。これは、最近、実践する企業が増えている「Well-being経営」に重なる考え方です。

もう一つ、海士町を訪ねて感じたのは、この島の取り組み自体にジョブ創出や動的人財マネジメントのヒントが隠されているのではないかということです。

海士町の島おこしでリーダーシップを発揮されたのは前町長の山内道雄さんです。私たちも会ってお話をうかがいました。その山内さんによると、かつての海士町は過疎化と人口減少によって財政危機に瀕していたそうです。そんな中、山内さんは２００２年、町長に就任し、平成の大合併が進む中、単独町政の道を選びました。しかし、「このままでは、北海道夕張市と同じように財政再建団体になってしまう」と危機感を募らせ、まずは自身は50%、町職員は16～30%の給与カットを行い人件費を削減しました。

その後、山内さんらは、第三セクターを立ち上げて特殊凍結技術による魚介類の産地直送事業を起こしたり、隠岐牛のブランド化を推進したりして島の経済を立て直していきます。しかし、「自分たちだけではどうしようもない。若い世代の知恵が必要だ」と考えて、島外から人を呼び込むプロジェクトを起こし、ビジネス経験が豊富なＩターン人財が移住してくるきっかけをつくったのです。

海士町では、未来を担う人財の育成にも積極的に取り組んできました。生徒数が減り、統廃合される可能性があった県立隠岐島前《おきどうぜん》高校の「魅力化プロジェクト」を立ち上げ、〃島留学〃と銘打って島外からの〃留学生〃を集めたのです。これにより、生徒数は増え、高校の存続が決まっただけでなく、学級が2クラスに増えるという離島の高校としては異例の現象も起きています。

隠岐島前高校が目指しているのは、国際的な視野を持ち、地域社会に貢献できる「グローカル人財」です。私も訪問して授業を見せていただきましたが、自分たちで島の農産品の商品化を考えるといったアクティブラーニングを実施しており、生徒たちの学習意欲はとても旺盛でした。東京から留学中の男子生徒にインタビューしたところ、「将来は医師になって僻地のサポートをしたい」と話していました。「ビジネスの起業と社会起業の両方をやってみたい」と夢を語る女子生徒も多くいました。

校内見学を終えた後、私は阿部さんに「意識の高い生徒たちを、島で開催している企業研修に巻き込んでみたらどうですか」と提案しました。すると、阿部さんはこのアイデアに賛同してくださり、企業の管理職研修のプログラムに、最終日に受講生が生徒たちと語り合うというセッションを取り入れました。

その模様を撮影したビデオ動画を見せてもらったところ、生徒たちは受講者に対して「なぜ会社を変革する必要があるのですか」「そのやり方で本当に会社が変わると思いますか」などと容赦ないツッコミを入れており、大企業の管理職たちもタジタジといった様子でした。

このように海士町では、ジョブが創出され、外部人財とのコラボレーションが進み、将来のジョブを創出しうる次世代人財が育つという好循環が生まれています。こうした地方創生の成功モデルは、企業で動的な人財マネジメントを構築し、新たなジョブを創出していくうえでも参考になるのではないかと考えています。

「未来への教室」を支援

私が味の素に勤めていたのは、2020年春までの6年間です。退任時は理事・グローバル人事部長という肩書でしたが、役職定年の規程に従って卒業することになりました。

最後に取り組んだ仕事の一つは、若手や中堅を中心とした勉強会の立ち上げ支援です。若手が新規事業を提案しようとしても、上司に「10年早い」とか「君らはまず言われたことをちゃんとやってから提案すべき」と言われてしまう、といった他の会社でもありがちな話を聞き、「だったら、自主的に勉強会を開いてみたら?」とアドバイスしました。

勉強会は２０１８年9月にスタートし、幹事メンバーは1年で数人から30人ぐらいに増えました。名称は「Class For The Future（ＣＦＦ）」としましたが、これは当時、経産省が進めていた教育改革事業「未来の教室」にあやかってつけたものです。

第1回のイベントには私が登壇し、約80人の参加者を前に、自身のキャリアや味の素の人事戦略について話しました。

また、社外取締役（当時）の名和高司・一橋ビジネススクール客員教授にお願いして登壇していただいたり、フードテックベンチャーの動向に詳しいコンサルタントを紹介したりして、側面支援を続けました。

私の最後の上司だった藤江太郎常務執行役員（当時。現・代表取締役社長ＣＥＯ）も、ＣＦＦの活動に大変関心を示し、「彼らに新規事業を提案してもらおう」と言ってくださいました。その結果、西井社長の前でピッチ大会を開催する運びとなり、私の卒業後に実現したと聞いています。

先日、発足時のＣＦＦのメンバーと久しぶりに会って話を聞いたところ、みんな管理職に昇進して責任ある仕事を任され、多忙な日々を送っているものの、情報交換と勉強会は続けているとのことでした。現在、メンバーは４００人以上に達し、いくつかの新規事業も立ち上がっているそうです。

人事制度改革も、藤江社長をはじめとする経営幹部や人事部門のリーダーに引き継がれ、さらなる進化の途上にあると聞きました。私としてはうれしい限りです。

第4章

ジョブ創出型企業の挑戦

――プロの仕事人たちのWell-being向上を目指して

成長し続ける100年企業

2020年4月、私は、エグゼクティブサーチの紹介でロート製薬に入社しました。入社に先立っては、同社の山田邦雄代表取締役会長の面接を受け、私のキャリアを2時間ほどかけてお話しし、山田会長からは「人事の制度と施策を将来に向けて進化させたい」とのお言葉をいただきました。同年6月、人事とWell-being経営の推進を担当する取締役に就任し、2022年の4月からはCHROを務めました。

私がロート製薬という会社に興味を抱いたのは、「新たな事業が生まれる会社の原動力」を知りたいと思ったからです。

ロート製薬は1899年に、創業者の山田安民《やすたみ》氏が大阪に「信天堂山田安民薬房」を設立し、胃腸薬を売り出したのが始まりです。

戦後は株式会社に改組して現社名となり、テレビCMでお茶の間の認知度を高める一方、1975年、アメリカのメンソレータム社から商標専用使用権を取得しました。88年には、メンソレータム社を買収し、以後、胃腸薬、目薬、メンソレータムを3本柱に堅実な経営を続けてきました。

そんな老舗企業を大きく変えたのが、創業家４代目の山田邦雄会長です。創業１００年目の１９９９年、43歳で社長に就任すると、スキンケア事業に注力し始め、２００１年に機能性化粧品「Obagi（オバジ）」を発売、２００４年からは「肌ラボ」シリーズを市場投入しました。

さらに２００６年には、漢方シリーズの「和漢箋《わかんせん》」を発売しました。また、２０１３年以降は再生医療の領域に進出し、近年は食や農業関連の事業も展開しています。

その間、業績も好調で、１９９９年度に約５５０億円強だった連結売上高は、２０２１年度には約１９９６億円にまで伸びました。組織規模も拡大し、99年に約７７５人だった従業員数（単体）は２０２１年3月時点で約１６００人（同）にまで増えています。

プロの仕事人の自発性を重んじる

なぜ、このような事業拡大と成長が可能だったのか。たまたま私はロート製薬に入社する前に山田会長が出演しているテレビ番組を見たことがあって、その中で会長が「社員は会社の所有物ではない」と発言していたのが強く印象に残っていました。１９９９年の社長就任以来、山田会長は「プロの仕事人である社員の自律的成長を会社として支える」という大方針を掲げ、社員に対しても「会社は道具だから、便利に使ってほしい」と呼びかけてきたといいます。

社員は会社の所有物ではない――。これは、経営者としてなかなか口に出して言えることではありません。会社が社員の意見をすべて受け入れていたのでは経営は成り立たない、というのがむしろ一般的な経営者感覚であり、あくまでも社員の自発性を重んじるというのなら、会社の側にかなりの度量が求められます。

実際、この会社では約20年前から、「手を挙げる文化」を社内に浸透させており、社員の昇格や異動については基本的に本人の希望を重視して、会社としての度量を示してきました。

ロート製薬では、「社員の職務範囲を限定すると、組織内の連携や個人の成長が阻害されかねない」という山田会長の考え方からジョブ型は導入していませんが、社員は勤続年数に関係なく昇格の希望を出せます。もちろん希望がすべて通るとは限りませんが、業務でいくら高い業績をあげていても自ら手を挙げようとしない人を昇格させることはありません。

新規事業を起こす際も、担当は挙手制で決めます。その一例が、2013年に「薬に頼らない製薬会社になりたい」というスローガンのもとに参入したアグリ事業であり、沖縄県・

石垣島の農業生産法人で有機パイナップルを栽培したり、ウシやブタを飼育したりしているのは、自ら「やりたい」と言って手を挙げた社員たちばかりです。長い伝統を誇る事業を大切に守りながらも、社員が自らの意思で既存の枠から飛び出すことを奨励するカルチャーがロート製薬には根付いています。

複業・兼業がもたらす経験価値向上と越境学習

他社に先駆けて踏み切った複業・副業の解禁も、そういうカルチャーを象徴していると言えるでしょう。

ロート製薬では２０１４年に、立候補した社員から構成される人事改革プロジェクトが発足しました。プロジェクトは「日本を変える、支えるような新しい働き方をつくる」ことを目標とし、そこでの議論から出てきたのが「社外の複業や社内の兼業を認めてほしい」という意見でした。これを受け、２０１６年にスタートした制度が「社外チャレンジワーク」と「社内ダブルジョブ」です。

社外チャレンジワークは、社員が就業時間外に社外で複業をする制度であり、入社３年目以上の社員を対象としています。制度開始時点で60人強、今までに144人が挑戦しています。

その代表例としてよくメディアで取り上げられるのは、目薬の無菌製造工場でのノウハウを生かして奈良市でクラフトビールの醸造所を立ち上げた市橋健さん（現・広報、CSV推進部）でしょう。ほかにも自治体の戦略推進マネージャー、美容ウェブライター、大学講師、キャリアコンサルタント、外国語講師、デザイナーといったさまざまな複業に就いている社員たちがいます。その中に収入補てんを目的に複業をしている人は一人もいません。

この社外チャレンジワークは、パーパス経営のあり方を吟味していくうえで、とても示唆に富む制度だと私は思っています。というのも、パーパス経営において大切なことは、企業のパーパス（存在意義）と社員の個人のパーパス（職業観、価値観、キャリアビジョン）をできるだけ同期させることですが、先にもふれた通り、個人のパーパスは往々にして企業のパーパスからはみ出してしまう場合もあります。

たとえば、クラフトビールの事業を起こした市橋さんは、「奈良の素材にこだわった地ビールをつくって地域を盛り上げたい」という個人パーパスを持っています。これは事業の性格上、当時のロート製薬では実現しづらい個人パーパスでしたが、社外チャレンジワークの制度が整ったことによって、市橋さんはその実現を、会社に籍を置きながら目指せるようになりました。会社側は市橋さんの複業を認める度量を示すことで、彼が得ることができる「従業員経験価値（Employee Experience：エンプロイー・エクスペリエンス）」を高めているとも解釈できます（ちなみに現在のロート製薬グループでは、沖縄県うるま市に設立した子会社や、後述する社内ベンチャーがクラフトビールの製造・販売を手掛けています。市橋さんが複業でビール事業を起こしたことがきっかけとなって、ロート製薬の企業パーパスが拡大したと言えるかもしれません）。

社外チャレンジワークは会社にとってもメリットがある制度です。複業の実務を通じて社員が習得した知識やスキルや外部ネットワークが、結果的に社内に還元されるからです。市橋さんのケースで言えば、ビール醸造所の経営を通じて、彼は、販売、会計、税法、特許、商標など、本業では習得できないさまざまな知識やスキルを実地で学ぶことができています。し、ロート製薬の看板を使わずに事業を起こし、展開していく中で人間力やリーダーシップも磨かれています。社外のさまざまな人たちとの出会いや交流といった「越境学習」を通じて自身の働き方や自社のあり方を見つめ直す機会も得ていることでしょう。

複業・兼業解禁について山田会長は「会社の中では、社員が能力の3分の1ぐらいしか出していないんですよ。だから、会社の枠組みじゃない所で経験させたり、つながりの中で刺激を受けると、人生が豊かになるし、うちにも新しい可能性を吹き込んでくれる」と話しています（『日経ビジネス』２０１９年1月7日号）。

もう一つの制度である社内ダブルジョブは、社員が就業時間の一部を使って他部門や他部署でも働ける兼業制度です。こちらも現在は１２３人以上が実践しており、「営業と広報ＰＲ」「商品企画と人事」「知財と国際事業」といったさまざまな兼業の形が見られます。

もともとロート製薬では、社員が自分の守備範囲にこだわらずに、他部門や他部署とも積極的にかかわっていくワークスタイルを重んじてきたと聞いています。けれども、組織を効率よく運営していくためには、やはり社員を特定の部署に配置していく必要がありますし、そうすると、自分の個人パーパスとは必ずしも完全に合致しない（正確には、会社の根本のパーパスには共感しているものの、個人のキャリア上の Will とは異なる）部門や部署で働かざるをえない社員も出てきます。

もちろん、自分のパーパスと直接関係のない部門や部署で積んだ経験が、その後の本人のキャリアによい影響を与えることは少なくないのですが、この個人のパーパスと与えられた仕事の間のギャップをそのままにしておいては個人の力は十分に発揮できないと考え、社内ダブルジョブの制度を開始しました。したがって、これも一義的には従業員経験価値を向上させる制度と言えます。会社側にも、潜在力のある若手に、定期異動とは違う形で、さまざまな部門や部署の仕事を経験してもらえるというメリットがあります。

社員をプロの仕事人として扱い、その自発性を重んじてジョブ創出や経験価値向上につなげてもらう。越境した先の世界での葛藤や挑戦を自らの成長の糧やエネルギーの源泉にしてもらう。また、外部環境の変化が激しい時代において、各自が複数の視点で業務遂行する意味は大きく、ロート製薬では複業・兼業をドライバーにして社員と会社の共成長を推進していこうとしているのです。

採用時に会社と個人のパーパスをすり合わせる

では、ロート製薬において動的人財マネジメントはどのように展開されているのか。まずは採用について説明します。

ロート製薬の採用活動において私たちが重視してきたのは、会社のパーパスと個人のパーパスのすり合わせです。

２０１９年、創業１２０周年を迎えたロート製薬は、２０３０年に向けた会社のありたい姿（ロートグループ総合経営ビジョン２０３０）を「Connect for Well-being」と題して以下のように定めています。

Well-being とは身体も心もイキイキとし、
さまざまなライフステージにおいて笑顔あふれる幸せな毎日を過ごすこと
ロート製薬は、世界の人々が Well-being を実感できる時間が少しでも長くなるように
医薬品、スキンケアに加え、さまざまな事業でイノベーションを起こし幅広く「つなげていく」
それを実現するために、社内外の仲間同士を、組織と組織をしっかり「つなげていく」
そして、信頼の連鎖の上に人材を育成し、一体感ある組織を作り上げ
人々の更なる Well-being に「つなげていく」

このグループ総合経営ビジョン２０３０策定に先立って２０１６年には、「NEVER SAY NEVER」というコーポレートアイデンティティ（ＣＩ）を掲げ、

世の中を健康にするために
自分の進むべき道を見据え
どんな困難にもめげず
常識の枠を超えてチャレンジし続けること。

という会社のDNAをこのフレーズに込めています。

また、会社の定款に明記されている経営理念の中には「社会の公器としての使命を自覚し、当会社を取りまく全ての人たちと協働して社会課題を解決し、これにより得られた便益を共有する」との文言が盛り込まれています。

したがって、これら一連の文言が示すような事業活動を、一般用医薬品、スキンケア、機能性食品、医療用眼科用薬、再生医療、開発製造受託といった各領域、または新たな領域で遂行していくのがロート製薬の企業パーパスであると言えます。だから採用活動では、応募者がこのパーパスを、既存、新規の事業領域で実現していくためのポテンシャル、スキル、資質、経験とその思い（パーパス）を有しているかどうかを見極めるようにしていました。

もちろん個人パーパスと会社のパーパスが完全に一致することはありませんが、個人パーパスが会社のパーパスと重なり合っている人、しっかりとした個人パーパスを持っていて、なおかつ会社のパーパスに強く共感してくれている人を採用したいと考えていました。

具体的には、会社側から応募者たちに対して、「あなたは『健康』をどのようにとらえ、『健康』の領域でどんな変革を起こしたいですか」「これまでの経験の中に実際に『変革を起こした』エピソードを教えてください」「Well-being経営とはどういうことを実行するのでしょうか」といった問いを投げかけ、それらに対する答えを文章や動画にして提出してもらいました。そして面接では、その内容を踏まえて各自のパーパスを掘り下げていきます。

採用後の新人のためには、「短期配属」という仕組みも用意しました。これは、5月初頭まで集合研修を実施した後、新人を三つの部署に約3カ月間ずつ配属して、1年間で三つの仕事を体験してもらい、その間、集合研修で各自の活動を振り返り、また、組織人として必要な学びを得るというものです。その効果は絶大です。

というのも、この9カ月間を通じて、新人はロート製薬におけるバリューチェーンの川上から川下までをほぼ見渡すことができ、会社を成り立たせているさまざまな機能について知ることができるからで、入社早々に新人は、ロート製薬という会社がどのような組織的連携によって価値を生み出し、顧客に届けているのかということを理解できます。

また、この仕組みでは、新人に働いていて感じた疑問を解決できるような何らかの提案もしてもらいます。彼ら彼女らが若い感性で提案してくる内容は、私たち〝旧人〟にとって大いに刺激になります。中には、会社の新たな価値創出につながるような提案をしてくれる新人もいます。

加えて、この仕組みは新人の人間関係構築にも役立ちます。3カ月間、一緒に働いた上司や先輩とは自ずと親しくなりますし、そうしてできたつながりは、本配属の後も維持されるからです。ロート製薬では、会長以下の全員がニックネームで呼び合うフラットなワークスタイルも定着しているため、新人と先輩・上司の関係はより深まりやすい面もあります。

また、新人研修期間中には、「新人が先生になる日」というイベントも開催しました。これは、Z世代の新人たちが語る話に私たち旧人が耳を傾け、彼ら彼女らの価値観に直接ふれられる貴重な機会になり、新製品の開発などに役立ちそうなさまざまなヒントを共有することもできたように思います。

キャリア採用と高度専門人財の確保

動的な人財ポートフォリオを形成するため、ロート製薬では「個を活かす」という方針のもと、キャリア採用や高度専門人財の確保もさまざまな形で進めていきました。

その一つは、アラムナイ・ネットワークを活用した「カムバック入社」です。

前述の通り、ロート製薬の山田会長は「社員は会社の所有物ではない」と各所で発言してきました。この言葉の通り、転職、留学、家庭の事情といったさまざまな理由による社員の退職を、私たちはこれを「人財輩出」として前向きにとらえ、さらなる成長を求めて新たなキャリアを歩み始めたアラムナイたちを個人として尊重し、応援していました。

その一方で、会社のパーパスに共感してくれていて能力的にも優れているアラムナイとは経営幹部や人事部門が個別に連絡を取り続け、本人の希望があれば、カムバック入社してもらう道を用意しました。2023年春の時点では、社外で多様な経験を積んだ人たちが計8人、再入社して活躍していました。

また、キャリア採用は「プロ契約社員」という枠でも展開し、会社の未来像からバックキャスト（逆算）して起こした新規事業の起爆剤になりうる人財をこの制度によって獲得していきました。

たとえば、ＩＴ系企業に本籍を置く人に週1、2日、複業・兼業でプロジェクトに参加してもらうといった形で受け入れ、報酬は年俸で支払うようにしました。これにより、会社は短期的、かつ特定の成果を期待できるとともに、本人もプロフェッショナルとしての経験価値を得ることができるようになりました。

ただ、これはまだ緒に就いたばかりの制度であり、ロート製薬が特に先駆的というわけでもありません。たとえば他の先端企業では、人材サービス会社の転職サイトを通じて、事業創出を担えるプロフェッショナルを副業の形態で公募し、外部から数十人をプロジェクトに参加してもらう形で受け入れていると聞いています。

私たちも、新規事業の創出や本格的な展開を目指していくうえでは、外部人財の受け入れは不可欠だと考え、プロ契約社員の制度化はその第一歩でした。加えて、再生医療の分野では、タレントギャップを埋めるために、先端的な研究に取り組んでいる大学研究室などと連携し、ロート製薬のパーパスに共感してくれる大学院生を選抜して、共同研究に参画してもらう制度も検討しました。

さらに並行して取り組んだのが、研究開発部門における外国籍人財の増員です。これは、グローバル視点に立った最先端の成果を追求するとともに、日本人研究員のマインドセットや思考を刺激するためであり、国内の大学に籍を置き、薬学やバイオサイエンスなどの領域でPh.Dの学位を持っている外国籍人財を毎年採用し、現在は10カ国以上から多様な専門人材が研究部門で活躍しています。

育む目と貫く目で1600人を見る

続いて、人財マネジメントの各種施策について見ていきます。

私はよく企業を「石垣」にたとえます。さまざまな大きさや形の石を集めて築いた石垣が強固なように、企業もさまざまな個性や価値観を持つ人たちが集まり、それぞれの持ち味を活かせるようにした方が組織としての力が高まるはず。そう考えて「石垣経営」というモデルを提唱しています。

ロート製薬では、個人と会社の「共成長」によって、社会に向けたWell-beingを創出しようと目指していますが、その根底にあるのも、石垣のような組織をつくって、「人」を真ん中に置いた経営を実現していこうという発想です。

たとえば、「再生医療の研究をしたい」と希望して入社した研究職の社員が、皮膚の老化を防ぐスキンケア商品を開発し、「再生医療×スキンケア」のイノベーションを起こす。その結果、会社は社会に対して「Connect for Well-being」をもたらすことができるようになり、再生医療の研究を深化させる環境もさらに整備されていく。

このように、多様な個を尊重し、社員一人ひとりの自発的なチャレンジを通じて、「One チーム・ロート」としての企業価値を創出していくとともに、個人がチャレンジする機会を増やしていくことができれば、個人と会社の共成長は実現します。各種のタレントマネジメント施策もこの好循環を生み出すドライバーとして設計、運用していきました。

順番に説明しましょう。初めは、異動と組織構築に関する施策です。

すでに何度もお話しした通り、人材配置の基本は、事業ポートフォリオの変化に連動した「適所適財」です。ただ、単体の従業員数が約１６００人とまだ少ないロート製薬では、これに加えて「適時適量」の人材配置も欠かせません。社員たちを戦略の方向性に応じてうまい具合に分散させ、人的リソースを本当に必要としている部門や部署に、適切なタイミングで適切な人数を充てていかなければ、人財活用が非効率に陥ってしまうのです。私の感覚では、一人ひとりの社員が少し頑張らなければ業務が回らないぐらい緊迫しているという状態、つまり各人がストレッチ成長をできる状態が適時適量でした。

当然、適所適財・適時適量の人材配置はいったん決めたら終わりではなく、最低でも年に1回は見直しを要します。その間、事業の状況をつぶさに観察するとともにその将来像を予測し、どういう事業にどのような人財がどのくらい必要なのかを問い続けるのが人事の役割です。

ロート製薬では、毎年、会長と私を含む経営幹部10人ほどで構成される会議体で約1600人分の社員情報を共有し、約3カ月をかけて異動案を検討してきました。すべての社員は、HRITシステム上の「ビジョンシート」というフォーマットに「5年後にどんな仕事をしていたいか」「そのために来期はどんな仕事をしたいか」といったキャリアビジョンを記入しており、私たちはその内容と社員の評価を一つひとつ参照しながら、時間をかけて話し合いました。

その際に、私たちに求められていたのは「育む目」と「貫く目」です。同様なことを、一橋大学の伊丹敬之《ひろゆき》名誉教授は、「慈しむ眼」と「貫く眼」という言葉を用いて提唱しておられます（『経営の力学』東洋経済新報社、2008年）。

たとえば、「将来はマーケティングの仕事をしたい」と希望している社員がいれば、その人がマーケッターとして成長できるように温かく見守る「育む目」も大事ですが、それだけでは十分ではありません。果たしてその人は本当にマーケッターとしての適性を有しているのか、適性があるとして異動させるのは今すぐがいいのか、今すぐでないとしたら、他のどんな領域で経験を積んでもらってからマーケティングの部署に異動してもらうのがいいのか、そういったことを「貫く目」で見通すことも大事なのです。

仮に「貫く目」によって異動を見送った場合は、その後のケアも必要となります。本人は「マーケティングの仕事をやりたいと思って、ビジョンシートにもそう書いたのに希望がかなわなかった」というふうにがっかりするかもしれませんし、やる気を失ってしまうかもしれないからです。

そのため、異動案が決定した後、また、毎期の個人評価が出た後のタイミングで、社員と上司は個別に面談し、「将来、こういうキャリアに進みたいのであれば、こういうところを頑張りましょう」とか「会社としては、あなたに今後成長してほしいから、こういう配置にしているんですよ」などと伝え、成長に向けたヒントを提供するのです。この上司と部下のコミュニケーションを私たちは、過去を振り返るのではなく、未来を展望するという意味を込めて、「フィードバック」ではなく、「フィードフォワード」と呼んでいました。

世の中には、社員を抜擢するかどうかを決める際に過去の業績を見て判断する企業が多く、私もそのやり方を100%は否定しません。しかし、先行きが見通せない時代においては、過去の経験が常に役立つとは限りませんし、むしろ将来に向けた意欲の有無を問われる場面が多くなります。だからこそ、「ルック・フォワード」の視点で人事施策を展開していくことがより重要になってきていると私は考えています。

昇格は「学び続ける覚悟」と「挑戦する勇気」で決まる

ロート製薬では、一般社員の職能は、F（ファンダメンタル）、C（チャレンジ）、A（アクティブ）、E（エグゼクティブ）という4段階のステージと、12段階のランクによって区分されています。将来を考えると、この各ステージ・各ランクの担うべきミッションや必要な人材要件は、全社員の成長のメルクマールとして重要になると考えました。

そこで私は山田会長との議論を経て、2022年10月に昇格の要件を整理したうえで社内に公表しました。人事制度は透明性を求められます。公正な処遇も大事ですが、昇格要件の公表は、会社が社員にどんな成長を期待しているかというメッセージであり、グローバル・

リーディング・カンパニーではこれをとても重視しています。なぜなら、社員個々の成長を掛け算した結果が、会社組織の力になるからです。

ロート製薬の場合、昇格要件のポイントは二つあって、一つは「学び続ける覚悟」、もう一つは「価値創出に向けて新たなことに挑戦する勇気」です。その中身はステージとランクによって異なっており、社員はそれを見て、自分が昇格にふさわしい人財なのかどうかを考えます。

自ら手を上げることで意思表示をした社員一人ひとりの昇格の是非を決めるのは、経営幹部の討議の場です。できるだけ上司を通じて現場での活躍状況を収集し、また、本人からの昇格への思いを記載した文面などを踏まえて慎重に判断していきます。

ただ、この制度におけるステージとランクはあくまでも職能制度の考えなので、役割の大きさとランクの大きさが必ずしも一致しないことが起こりえます。そのような場合は、別途役職手当を払って、役割と責任に見合った処遇をするという柔軟な対応をとるようにしました。この役職手当は、いわば〝着脱可能〟な手当であり、本人が当該ポジションを退いた場合には支払われなくなります。

覚悟と勇気によって昇格、昇給が決まるこの仕組みはかなり実験的ではありますが、不確実性に満ちた環境において常に自社の適財を見直し、社員それぞれが持っているキャリア意向を定期的に検討していくうえでは、一つの有効なアプローチではないかと考えます。

目標達成度ではなく、仕事の価値を評価する

次は評価システムについて見ていきましょう。

成果主義が喧伝されるようになって以降、多くの日本企業では目標管理制度によって社員を評価しています。しかし、ロート製薬は違っていて、以前から一律の目標管理制度を導入していません。それは、一定の目標を設定してしまうと、社員が挑戦する範囲が限定的になりかねないし、変化の激しい時代には、社員が自ら、会社の理念を踏まえつつ挑戦の方向性を考え、それぞれの成長につなげるべきだという考え方に立っているからです。

では、どうやって社員を評価しているかというと、年に2回、全社員に「自分が創出した仕事の価値」を点数化してもらって、それをベースに評価を決めています。

キャリア論のメソドロジーに即して言えば、仕事の価値は、「WILL（やりたいこと）」と「CAN（できること）」と「NEED（必要とされること）」から生まれます。使命感や情

図表３　仕事の価値

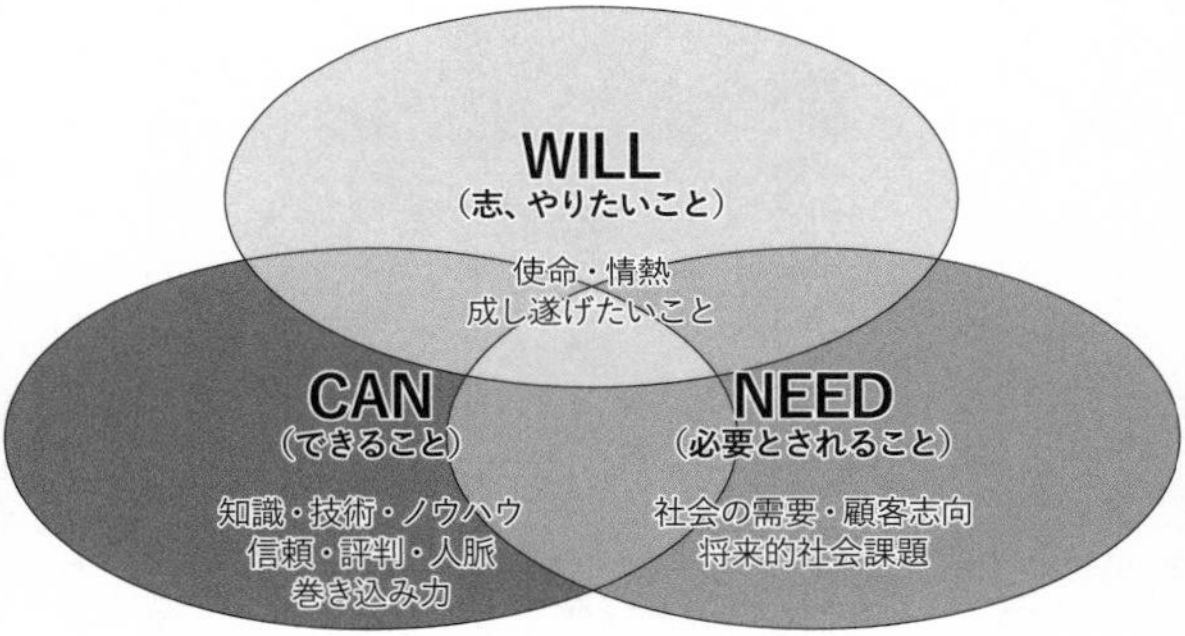

出所）筆者作成

熱を持って成し遂げたいこと（ＷＩＬＬ）があり、それを実現するための知識やノウハウ、信頼や評判や人脈が築かれていて（ＣＡＮ）、なおかつ、その「志、やりたいこと」「できること」が社会の要請や顧客の需要にマッチしていて、自社の利益につながる場合（ＮＥＥＤ）、その仕事には価値があると言えます。ＷＩＬＬとＣＡＮとＮＥＥＤの重なり合う部分が大きければ大きいほど、価値は大きくなります（**図表３**）。

ただ、この中で問題となるのはＮＥＥＤで、たいていの場合、その有無を判断するのは会社です。「こういうＮＥＥＤがあるから、今期はこれをやってほしい」というふうに会社が社員にＮＥＥＤを示してタスクを与え、それをもとに個人目標が立てられます。

これに対し、ロート製薬の場合は、社員がＷＩＬＬやＣＡＮはもちろん、ＮＥＥＤも自分で判断して具体的な価値創出を提案できる風土が醸成されているように思われます。したがって、ＷＩＬＬ、ＣＡＮ、ＮＥＥＤの重なりから、毎期、会社の活動を通じて顧客や社会に大きな価値をもたらしたか否かを各人の評価の対象としてきました。

そうした仕事の価値を数値化するのは半期に１度で、２０２２年からはこのシステムを「ロートバリューポイント（ＲＶＰ）」と命名しました。幹部会議では、戦略的に特に重要な仕事に就いている社員のＲＶＰを経営の観点から評価して部門長に渡し、部門長はそれらを参考に、他の部下たちのＲＶＰの評価に責任を持つようにしました。仕事の価値を見る際の視点については、「広さ」（社会・組織へのインパクト・成果）、「深さ」（組織風土改善・組織能力向上へのインパクト・成果）、「時間」（現在の業績・将来価値へのインパクト・成果）、「内容」（新規性・独自性・複雑性・難易度）の４点に整理しました。

このＲＶＰは階層とは関係なく運用されるため、一般社員が管理職のポイントを上回ることもありますし、部下が上司のポイントを上回ることもあります。ただし、これはあくまでも半期に限った「仕事そのものの」に対する評価であり（その意味では、外資系企業がこだわってきたPay for Performanceの考え方と同じです）、ある期にポイントの高かった人が次の期にも高いポイントを取れるとは限りません。こうした運用の根底には、仕事の価値を属人的な価値としてとらえるのではなく、個々の仕事の中身が顧客や社会にもたらした価値としてとらえるという考え方があり、この点についても幹部や部門長が討議を繰り返しつつ、適切な制度運用に努めました。

もっとも、このような評価システムは、組織規模がまだあまり大きくないロート製薬だからこそ、可能なのかもしれません。より大きな組織で同様の制度を適切に運営できるかどうかは、現場に近い管理職のピープルマネジメント力にかかっていると考えます。

やりがい・生きがいをマックスに保つために

Well-beingについての施策についてもご紹介しておきましょう。

前述の通り、ロート製薬では社員一人ひとりを「プロの仕事人」として扱っています。会社から言われたことをちゃんとやるだけの人は「会社員」であって、仕事人ではないし、プロの仕事人である以上は、自分自身のWell-being、平たく言えば、「やりがい」や「生きがい」をマックスの状態に保ち、自ら仕事の価値を高めてほしいと、私たちは考えていました。

そういうWell-beingの状態を社員が自分で測定する仕組みが「Well-beingポイント（WBP）」で、これは2021年に導入しました。具体的には、会社が定めた「7つの宣誓」という行動規範[*1]のエッセンスを抽出する形で次の項目を設定して、社員に自己採点してもらうようにしました。

①私は仕事を通じて社会に役立ち、貢献することができている
②私は楽しく仕事に取り組み、生活を豊かにすることができている
③私は仕事を通じて成長した実感が持てている
④私は将来目指す目標があり、今後のキャリア形成に期待を持っている
⑤私はチームの一員としてチームワークに貢献できている

RVP同様、WBPも提出は半期に1回と決め、社員にはこの5項目について10点満点で自己採点することで、自分が仕事にどんなふうに向き合っているのかを確認します。点数は評価には直接関係はしませんが、提出後は直属の上司が本人と面談し、相談に乗ったりアド

バイスしたりするようにしました。

２０２２年からは、Well-being ポイント・フォローアップキャラバンと称して対話集会も開催しました。私が中心となって各部門を回り、プロの仕事人としての働き方やＷＢＰを測定する項目が持つ意味について社員たちと語り合ったのです。

幸いなことに、このフォローアップキャラバンには賛同してくれる部門長が複数おり、彼

＊１　ロート製薬が定めた「7つの宣誓」

・私たちは、社会を支え、明日の世界を創るために仕事をしています。
・その為に、いつも謙虚に学び、自らを磨く努力をし続ける決意を持っています。
・励ましあい、協力し合える、社内外の仲間との信頼の絆をなにより大切にしています。
・高い理想を掲げ、熱く語り、エネルギッシュに行動する文化を私たちは誇りに思います。
・明るく、楽しく、和協努力。驚喜（オドロキ）の輪を世界中に拡げていきます。
・まず人がいて、輝いてこそ企業が生きる。主役は人、一人ひとりが自らの意志と力で自立し、組織を動かしていきます。
・私たちの存在を支えてくれる、すべてのもの（自然、社会、人々）への感謝と奉仕を固く誓います。

らは自分の部門以外の集会にも顔を出して、社員たちとの対話を盛り上げてくれました。社員と他部門の部門長はいわば「斜めの関係」にありますが、そういう関係の方がお互いに本音を口にしやすいようでした。

ただ、ＷＢＰの仕組みには課題もあって、④の「私は将来目指す目標があり、今後のキャリア形成に期待を持っている」という項目についての点数が低く出がちでした。この傾向は部門を問わず全社的に共通しており、フォローアップキャラバンの対話でも、社員たちから「意味がよくわかりません」と言われることがありました。社員一人ひとりが自律的、主体的にキャリア形成に取り組んでいけるようにしようと考えて導入した仕組みですが、その狙いを真に理解してもらうにはまだ時間がかかるようです。

プロの仕事人とはどういう人か

では、プロの仕事人とは一体どういう人なのか。たとえば、メジャーリーグの大谷翔平選手のようなアスリートは、間違いなくプロの仕事人の一人でしょう。ほかの誰にもできない投打二刀流をアメリカでも成し遂げたいという強い意志を持ち（ＷＩＬＬ）、日々のトレーニングや体調管理を怠らずにその能力を磨き（ＣＡＮ）、実際に試合に出て活躍することでチームやファンの期待に応えています（ＮＥＥＤ）。そのことにご本人はやりがいと生きがいを感じているはずです。

けれども、私がプロの仕事人について考えるとき頭に思い浮かべるのは、大谷選手のようなスーパースターだけではありません。

読者のみなさんは、新津春子さんというお名前に聞きおぼえはないでしょうか。彼女は羽田空港のメンテナンスを請け負う会社で、約７００人の清掃スタッフを束ねるリーダーを務めています。

羽田空港は、イギリスの航空関連格づけ会社スカイトラックスが発表する「世界で最も清潔な空港」で7年連続、第1位に選ばれており、その栄誉に大きく貢献しているのが新津さんです。２０１５年、彼女はＮＨＫの『プロフェッショナル　仕事の流儀』で紹介されて一躍有名になりました。その名前は今や中学の道徳の教科書にも載っているそうです。

新津さんは中国残留孤児の2世として17歳のときに来日し、23歳で羽田空港の清掃員になりました。ビルクリーニングの全国技能競技会に出場して最年少で日本一になったこともあり、番組内でもその専門性と高い技術、そして現状に満足せず、さまざまな方法を試しては空港施設の汚れを取り除いていく姿勢が映し出されます。

ただ、インタビューに対して新津さんは、清掃の仕事には気づいたことを全部やる気配りが必要と語る一方、空港を清潔な状態に保つのは自己満足にすぎず、清掃が行き届いているかどうかを判断するのはお客様だと言い切ります。毎日丁寧に掃除をしていれば、お客様もゴミを無造作に捨てなくなる、それできれいさが維持できたら一番いい。そんなふうに話し、清掃の仕事に誇りを感じていると言うのです。

そして、最後に「プロフェッショナルとは?」と尋ねられ、新津さんはこう答えます。

「目標を持って日々努力し、どんな仕事でも心を込めてできる人」

この番組を見ると、新津さんがWell-being(やりがいや生きがい)をマックスに感じながら、自身のWILL(やりたいこと)とCAN(能力)を通じて、社会のNEED(要請)に応えていることがよく伝わってきます。

そう思った私は、フォローアップキャラバンで番組の動画を流すことにしました。実際に新津さんの仕事ぶりを見てもらい、その語りに耳を傾けてもらうことで、プロの仕事人としてのあり方を考えるきっかけを社員に提供したいと考えたのです。

若手社員が考える「プロの仕事人」

プロの仕事人のあるべき姿については、若手社員たちの間でも議論が交わされていました。彼ら彼女らが考えたのは、「アマチュア」と「プロ」、「会社員」と「仕事人」を対比した定義であり、２０２２年10月に社内でリリースした人事制度ガイドブックには、社員それぞれが、自分が成長できているかどうかを振り返るヒントとして、以下のような文章を載せてくれました（よくある人事ガイドブックは人事部からの一方的なルールブックになりがちですが、このように社員の声を掲載して毎年進化させようと考えました）。

【「プロ」と「アマ」の違いとは?】

◆アマは自己の都合や利益を得ることが基盤だが、プロはそれを超えて組織や社会への価値まで考え抜ける

◆アマは短期的な視点で着実にこなすが、プロは過去も未来も複合的に捉えて社会にインパクトを出せる

◆アマはフォロワーシップに徹するが、プロはリーダーにもフォロワーにもなれる

◆アマは仕事に必要なものを勉強するが、プロはさらに成長のために必要な自己投資と学びを続けられる

◆アマは仕事を進めるために協調を優先するが、プロは覚悟を持って課題提起し、提案や対話で完遂する

◆アマは基本のルーティン（挨拶、報連相、数字など）を軽視するが、プロは基本に忠実で、基礎知識・能力をつけるための努力や準備を怠らない

【「会社員」と「仕事人」の違いとは？】

◆会社員は組織のなかで与えられた役職や仕事を着実に遂行する仕事人は組織の枠を超え、社会のために、自ら仕事の価値を生み出し、仕事を仕切ることもできる

◆会社員は目の前の課題解決に努め、仕事人はさらに課題の本質を見極め、困難な仕事すら楽しめる

◆会社員は仕事の結果を重視するが、仕事人は仕事の過程や成果、それに伴う人の成長まで重視する

◆会社員は報酬のために仕事をし、仕事人は仕事の後に報酬がついてくる
◆会社員はWell-beingになれる機会や環境を享受するが、仕事人は自らその機会や環境をつくり、成長につなげる

いかがでしょうか。読者のみなさんもぜひ自身の働き方を振り返ってみてください。

クラウドファンディングで社内起業を支援

すでに見た通り、ロート製薬では、社外チャレンジワークと社内ダブルジョブという二つの制度を通じて社員の複業・兼業を認め、従業員経験価値の向上を図ってきました。

これに加え、２０２０年には、地ビール事業を起こした市橋さんらが中心となって、新たに社内起業家支援プロジェクト「明日ニハ」を立ち上げました。その目的は「社会課題に向き合い、自身の想いとアイデアをもとに起業する社会の支援を行うことで、会社の枠にとらわれないマルチジョブな働き方を推進していくこと」です。

グループ総合経営ビジョンが「Connect for Well-being」と定められたのを受けて、この

プロジェクトに応募できる事業も、「Well-being につながる領域であること」と規定されています。したがって、これは、会社のパーパスからはみ出してしまう個人パーパスを実現する制度ではありません。会社のパーパスに沿ってはいても、いまだかなえられていない個人パーパスを実現する制度、あるいは個人パーパスの実現によって会社の事業領域をさらに拡大していく制度と説明するのがよいかもしれません。

プロジェクトは以下の七つのステップを踏んで進行します。

まず1段階目の「エントリー」では、挑戦者がビジネスプランを作成します。次に2段階目の「プレシード」では、挑戦者のパッションや事業の実現性・収益性を検討し、3段階目の「シード」で事業計画を明確化します。

以上のステップで事務局の審査をクリアしたら、4段階目の「ピッチ」に進み、挑戦者がプレゼンテーションを行って、経営層の承認を受けます。プレゼンは全社員が聞いて、社内通貨「ARUCO（アルコ）」を使ったクラウドファンディングによって出資額を決めます。

ARUCOは、全社員が持つ活動測量計で計測される歩数や早歩きの時間、また、30分以上の運動量や卒煙といった生活習慣の状況に応じて付与される社内通貨で、会社が運営するレストランや社内セミナーの参加などの機会で使えるものになっています。

「明日ニハ」のピッチでは、プレゼンを聞いて応援したいと思った社員がこのＡＲＵＣＯを投じ、そのポイント数に応じた金額を会社が負担し、挑戦者に提供します。

その後、５段階目の「アーリー」では、事業の本格化に向けて合同会社が設立されます。現在は、プロジェクト１期生から、３社が合同会社としてスタートしています。今後は、事業を継続するかどうかを判断し、黒字化を目指します。

この「明日ニハ」も社員の複業を前提とした制度であり、挑戦者は会社に所属しながら、就業時間外を利用して、ロートグループの一員に位置づけられた合同会社の経営に従事します。そうした活動を通じて、彼ら彼女らは、広い視野で業務を遂行する力、思い切って前に踏み出すマインド、自身のメインの仕事を客観視する視点、多様な人たちを巻き込むコミュニケーション能力など、社内の集合研修だけでは得られないスキルや資質を習得しているようです。

何より複業や兼業は、「自分は何者で何を志向しているのか（Who am I ?）」を問い直し、自身の個人パーパスを再確認する機会になります。「明日ニハ」挑戦者の中からは、越境学習を通じて身につけた実現力を武器に、組織変革の原動力を担う人財も現れてくると考えられ、活躍を願っています。

第5章

組織変革への道のり

――日本企業の特性を踏まえたアプローチとは

成長しなければ、雇用は守れない

本章では、外資系と日本企業の両方で人事の仕事に携わってきた経験を踏まえつつ、日本企業の変革アプローチについて問題提起をしてみたいと思います。その前に、欧米企業と日本企業の違いを改めて確認しておきます。

あえて言葉を選ばずに言えば、欧米企業は、雇用の安定よりも自社の存続や成長を優先します。業績が向上し続け、ジョブを創出し続けなければ、雇用の維持などできないというのが基本的な考え方であり、事業構造の転換も非常にドラスティックです。マーケットにおける競争優位性を確保し続けるために、毎年のように中期戦略を見直し、事業展開のシナリオを株主や投資家に開示することで説明責任を果たします。

私が働いていた製薬業界は、新薬開発のパイプラインの先がわりあい見通しやすいこともあって、中期戦略がいきなり変更されるといったことはあまりありませんでした。しかし、前述の通り、〝母屋〟の循環器薬がいずれジェネリックに取って代わられることを想定し、アンメット・メディカル・ニーズの〝離れ〟を建てて将来に備えていました。

事業転換をダイナミックに進めていくためには、それを担える人財をあらかじめ確保しておく必要もあります。そのため欧米企業では、将来を見据えた人財戦略を描き、想定されるキーポジションの人財要件をジョブディスクリプションに明記して、それらに合った人財を登用していきます。自社に人財が不足している場合は、そのギャップを外部からの採用によって埋め合わせます。そのためにタレント・マッピングと称して、常に外部優秀人財の情報を探っていました。

また、組織力全体の向上も視野に入れていて、内部の人財のモチベーションに配慮した育成投資を、同時に促進していました。今でも印象に強く残っているのはノバルティスの人事ガイドラインです。この企業では、上位のポストへの登用人材プールは、内部7割・外部3割で構成するようにとの明確なグローバルガイドラインが示されていました。人材の循環のバランスにまで配慮していたのです。

また、サクセッションプランの策定に早くから注力してきたのも欧米企業の特徴です。私が身を置いていた企業でも、グローバル・キー・ポジションの後継者候補（サクセッサー）を「すぐに任せられる人」「5年後に任せられる人」「10年後に任せられる人」というふうに選出していました。

さらに、中期計画が見直される度に人財レビューを実施。その結果をデータ化して適所に適財をアサインすることで、足元の戦略的事業のタイムリーな成長を加速させるのです。かつ、次世代の人財に少しストレッチした経験の場を与えることで、その成長も促していました。

つまり、私の知る欧米企業では、将来の変化に耐えうる人財プールを継続的につくる人事プラットフォームを毎年見直し、展開していたのです。このような人財ポートフォリオを構築することが、新たな事業ポートフォリオの実現可能性を担保する大きな要素になるととらえていました。そして、投資家をはじめとする外部ステークホルダーに対しても独自の人事プラットフォームの存在を明示し、その重要性と有効性を強調していました。

以上が欧米流のタレントマネジメントであり、本書で私が繰り返し述べてきた「動的な人財マネジメント」のお手本でもあります。

急激なチェンジか、漸進的なトランスフォーメーションか

では、日本企業はどうでしょうか。

日本には、雇用の安定は企業の社会的責任であるという考え方が根強くあります。おそら

く、それには「企業は社会の公器」であるとの倫理観も影響しているのでしょう。「どんなに業績が厳しくても雇用は守る」と公言する経営者は少なくありません。私も個人的にこの考え方は大事だと思っていますし、企業は社会的な存在であるべきだと考えています。

しかし、企業は成長しなければ雇用を守れないというのは、べつに欧米に限った話ではなく、日本でも同じです。また、新卒一括採用と長期雇用を軸とした日本的慣行が今後も維持できるとは限りません。メンバーシップ雇用の特徴とも言える〝三種の神器〟が戦後の復興と発展に寄与したのは誇るべきことかもしれませんが、とうにその限界は見えています。グローバル市場における競争力の強化、デジタル分野をはじめとする技術革新への対応、サステナビリティに代表される社会的課題の解決など、いくつもの難問が降りかかる中、日本企業は変革を迫られています。

けれども、私は、日本企業がすべてをなげうって欧米流経営に移行すべきだと主張するつもりはありません。継承されてきた慣行にはそれなりの意味があり、それを無視した人事変革は意味をもちません。ただ、今、変えるところを変革しなければ、継承してきたよい部分さえ立ちいかなくなるのではないかと思うのです。

私がかつて所属していたジェミニ・コンサルティングでは、「チェンジ」と「トランスフ

図表4　企業変革の4つのモデル

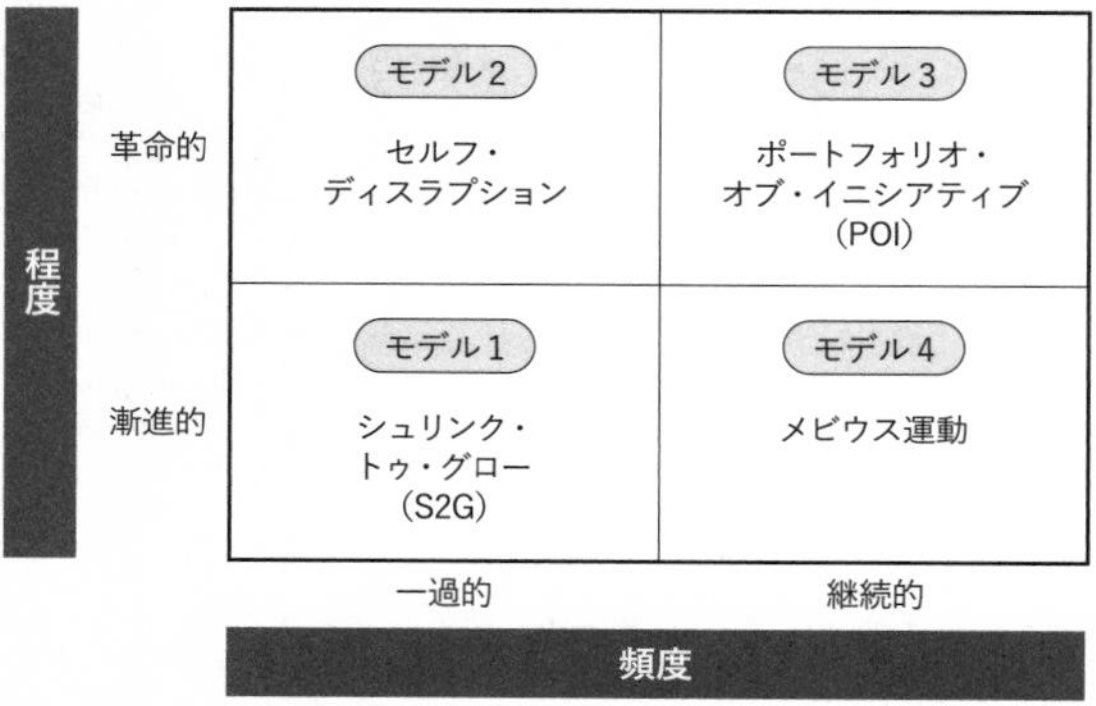

出所）『企業変革の教科書』名和高司、東洋経済新報社、2018年

オーメーション」を分けて考えていました。全体を一気に変えるのがチェンジ、よいところを残しつつ、変えるべきところを継続的に変えていくのがトランスフォーメーションと定義し、後者のアプローチを「トランスフォーメーション・マネジメント」と名づけて実践していました。

　また、前出の名和高司教授は、企業変革は「頻度」（一過的か、継続的か）と「程度」（革命的か、漸進的か）の2軸によって、四つのモデルに分類できると述べています。**図表4**を見ていただければおわかりかと思いますが、一過的で漸進的なのが「シュリンク・トゥ・グロー」（V字回復）モデル」（成長に向けて一気に病巣を取り除く）、一過的で革命的なのが

「セルフ・ディスラプション（自己破壊）モデル」（大きな環境変化により「突然変異」に近い変革を遂行）、継続的で革命的なのが「ポートフォリオ・オブ・イニシアティブ（組み合わせ）モデル」（絶え間ない環境変化に破壊的変革を継続）、そして継続的で漸進的なのが「メビウス（永久反転）運動モデル」（変化を積み重ねるメカニズムを組織中に埋め込む）です。このうち4番目メビウス運動こそが日本企業に最も適していると、名和教授は説きます（『企業変革の教科書』東洋経済新報社、２０１８年）。

私自身も、企業がその特性を活かしながら競争力と社員のWell-being（やりがいや生きがい）をともに高めていくようなトランスフォーメーション（メビウス運動）が、日本企業に合った変革のアプローチではないかと見ています。また、ビジネスを取り巻く外部環境がこれからも早いスピードで変わり続けるのであれば、一過性の変革ではなく、継続的な変革のエコシステムの方が理にかなっています。さらに、先に示した、将来の変化に対応できる人事プラットフォーム「動的人財マネジメント」を組織に内在化させる点でも、メビウス運動モデルの方が合理的だと考えています。

では、日本企業の特性とはどのようなものでしょう。

長期雇用を前提としてきた日本企業の特性は、以下の四つだと私は考えます。

① 長期的視野に立った人財育成ができる
② 人のネットワークを活用した業務遂行が可能
③ 社員は組織への帰属意識を高められる
④ 社員は長いキャリアを通じて、さまざまな経験を積むことができる

しかし、これらの特性が常にうまく生かされ、企業の強みにつながるとは限りません。特に外部環境の変化が激しい時代においては、企業はこれらの特性を強みとして維持する努力を続けなくてはなりません。つまり、それが日本企業に求められているトランスフォーメーション（メビウス運動）なのです。

インプットと行動の循環を生み出す

順番に見ていきましょう。最初は①「長期的視野に立った人財育成」です。人財育成の取

り組みが成果を出すには、人間の成長がポイントになるので一定の時間がかかります。その意味では、日本の長期的な雇用慣行はメリットがあるとも言えます。しかし、変化の時代に、時間軸とともに学びのアプローチが重要です。つまり、インプットと行動の循環が意味ある学びを実現するために必要となります。

あらかじめ断っておくと、欧米企業が長期的視野に立った人財育成をしていないわけではありません。欧米の企業各社は、階層別研修やリーダーシップ研修を自前のプログラムやビジネススクールへの派遣によって大々的に実施しており、そこにかけたばく大な投資費用を株主や投資家に開示しています。

長期雇用を前提としていないはずの欧米企業がそこまで人財育成に真剣なのは、やや不思議な気もしますが、その背景には、変化に対応する分厚い人財パイプラインを社内で構築するという目的があります。また、優秀人財に投資することによって、各分野の将来を担えるリーダー人財に育てていくことはリーディングカンパニーの責任だという考え方もあるのでしょう。自社で育てた優秀人財は、たとえ他社に転職していったとしても、自社が生み出した社会的資産であることに変わりはない。そう確信しているように私には感じられます。

その点、日本企業は残念ながら後れていると言わざるをえません。長期雇用のメリットを生かし切れている状態とは言い難く、欧米企業並みの人財育成プログラムを体系立てて運営している企業はまだそれほど多くありません。中には、アメリカのビジネススクールに管理職クラスを派遣している企業もありますが、「ビジネススクールに送り込めば、新しい知識や発想を身につけて帰ってくるだろう」というふうな漠然とした理由で派遣が行われている感は否めません。

また、学びにおいて最も重要なのは、インプットと行動実践の循環であり、それがうまく生み出せているかどうかという問題もあります。社員を何らかのポジションに登用するタイミングで適切な研修を受講してもらい、そこで得た内容を実務に活かしてもらう。そういう意図を込めてプログラムを組まなければ、有意義な学びの機会にはなりにくいのです。

先にふれた通り、ノバルティスでは、現地法人の幹部たちを本社があるスイスに呼び寄せて、さまざまな体系立った実務研修の機会を提供していました。リーダーシップの強化をテーマにした階層別研修のほか、将来に向けて必要な専門性を向上させるコースも年間20クラスほど展開されていました。私が受講したプログラムはＣＨＲＯに関するコースで、入社して日本法人の部長に就任したタイミングで、各国・地域の20人の新任人事部長とともに受講したのをおぼえています。

研修はケーススタディを中心に１週間の日程で行われましたが、とてもありがたく、新鮮に感じたのは、私たち受講生一人ひとりにプロのコーチが張りつき、グループ討議や発表の様子をずっと観察して、最終日にフィードバックをしてくれたことでした。

加えて、ノバルティス側からは本社の経営幹部もオブザーバーとして研修の現場にやってきて、受講者はそれぞれの担当領域の本社幹部からアドバイスを受けることもできました。本社幹部は、プロのコーチが受講者にフィードバックした内容を把握しており、帰国後すぐに仕事に活かせるような実務的な助言をくれました。

研修の１年後には３６０度評価も実施され、受講者それぞれが学びで得たインプットを行動に反映させられているかどうかを見るなど、フォローアップもきめ細やかでした。

人財育成とは時間がかかるものです。いくら高度な知識やスキルを教えたとしても、学んだ本人がその知識やスキルを使って成果を出すまでには時間を要するのです。成果を出してもらうためには、知識やスキルを課題解決につなげる仮説思考、プロジェクトを推進するリーダーシップ、外部を含めた関係者との協働を生み出す多様性受容力といった総合的な能力を身につけてもらう必要もあり、これを一時的なクラスルームトレーニングで行うのは不可能です。

アメリカの調査機関であるロミンガー社が、企業の経営幹部としてリーダーシップをうまく発揮できるようになった人たちに「どのような出来事が役立ったか」を尋ねたところ、「経験が70％、他者からの薫陶が20％、研修が10％」だったという有名な調査結果がありま す。これは人財育成全般についても当てはまる法則で、インプットの機会と行動実践と他者からのコーチングを循環させていくことが大事なのです。

この点について名和教授は、「戦略優位」から「学習優位」への移行が必要な時代だと提唱しています。名和教授によると、先の見えない時代だからこそ「トライ・アンド・ラーン」が必要になると言います。つまり、「トライ＝学習する機会」をつくり、「ラーン＝そこでの失敗から学ぶ」ということを実践していく。しかも、同じ場所で学習しても、いずれ学習効果は飽和していくので、学習する場を横にずらす必要があり、この学習のずらしが「アンラーニング」だとも説明しています。これは、学ばないということではなく、今まで得たものを一度横に置き、馴染みのない領域で新しい学びを得て、慣れ親しんだ世界から次の新しい世界に踏み込んでいくという学びの新陳代謝を意味します。

なぜ、「トライ・アンド・ラーン」が必要なのでしょうか。名和教授は、先を見通せるようになるためだと説きます。不確実な時代における最大の優位性は「先が見えるようになること」です。しかし、将来を描いた書籍をどれだけ読んでみたところで不十分です。先を読むには、自ら「そこに行ってみる」ことが重要だと名和教授は言います。単に新しい情報を得るだけではなく、それを活用して実際に新しい価値をつくり出す行動を起こし、その過程での失敗を通じて、すぐには答えが出ないことを学び、また別の方法で挑戦する。その中で、未来は確実にひらかれていくと語っています。

とかく人は、一度行き着いた解決策がベストだと思い込み、思考停止になりがちです。だからこそ、私たちは「すぐには答えが出ないことを学び、また別の方法で挑戦すること」に留意することが大事になります。これからの時代においてはますます重要なプロセスとなるに違いないでしょう。

失敗から学び、再度挑戦していくことでしか、未来を見る目は持てない。そうであるならば、単なる研修クラスを用意することにとどまらず、主体的に挑戦していく場を認め、しかも失敗のプロセスに学びの価値があることを社内に浸透させていくしかないのではないでしょうか。

かねてから私は、Failureに「失敗」という訳語をあてたことで、「失って負ける」「最悪の事態を招く」という意識が日本人の間で浸透したのではないかと思っています。また、日本企業の中で、リスクをとって挑戦する組織風土がしっかりと根付かないのは、この訳語に原因があるのではないかとも考えることがありました。

失敗は学習の出発点であり、再挑戦のチャンスであり、未来を見通す入口になります。今こそ、このポイントを組織開発の中心的な課題にしていくときです。失敗からの学習の総和が組織の力になる。日本の企業の中にも、そのような取り組みをしているところが現れ始めています。

先駆的な取り組みをすることで知られるサイバーエージェントでは、多くの関連会社を立ち上げて「トライ・アンド・ラーン」の場をつくり、挑戦し、そして失敗した人をリテインすることに人事が腐心していると聞きます。まさに、名和教授が書籍の中で引用しているように、「未来を予想する最善の方法は、自ら未来をつくりだすことである」(パーソナル・コンピューターの父、アラン・ケイ)ことを痛感します。

ネットワークを社外にも広げる

次に②「人のネットワークを活用した業務遂行」について考えてみましょう。

メンバーシップ型雇用のよいところは、人と人のつながりが強くなることです。日本企業では、同期入社の社員同士が、お互いの仕事のやり方や性格だけでなく、家庭環境やプライベートライフまで知っている、といった例も珍しくありません。

そうした関係性は相互の信頼感につながり、信頼の連鎖によってチームワークがよくなり、業務がうまく回るケースもあります。もちろん欧米企業にも在職年数が長い社員はたくさんいて、彼ら彼女らもお互いに信頼し合っていますが、社内ネットワークの強さに関しては、日本企業の方が明らかに上回っています。

そのことを端的に示しているのが、アフターファイブの飲み会でしょう。上司や同僚、部下たちとアルコールで憂さを晴らしながら語り合うことによって、組織内の心理的安全性や活性度がさらに高まり、その結果、日常業務がよりスムーズにこなせるようになる。飲み会にはそういうメリットが（二日酔いにならなければですが）確かにあります。

ただ、本来、ネットワークはさまざまな方面に広げていくのが理想的で、それが社内に閉じてしまっているのでは不十分です。不確実で多様な変数にスピード感を持って対応しなければ新たな価値を生み出せない時代においては、むしろ社外のネットワーク、つまり他社、他組織、異業種、アカデミアの人たちや学生など、ふだんオフィスで顔を合わせない人財とのネットワーク構築が求められるのではないかと思います。

ビジネスパーソンにとってのネットワークは、自分の愚痴や不満を聞いてくれたり、社内で協力してくれたりする相手だけと構築するものではありません。自分の知らない世界で活躍している人、自分とは違う視点で物事を見ている人と出会い、語り合うことで、自身を客観視できるようになったり、自分の中に多様な価値観を受け入れる間口ができたりします。

社内ネットワークの強さというアドバンテージを有しているのであればなおのこと、日本企業は社外のネットワーク構築も併せて推進していくべきでしょう。

ここのところ、ＣｈａｔＧＰＴをはじめとする生成ＡＩが話題を集めていますが、この先どんなにＡＩが進化しても、イノベーションの源泉であり続けるのは、新たな価値を生み出そうとする高い志を持った人のネットワークだと私は思っています。

先日訪れたアメリカの西海岸の優良なベンチャー企業には、必ず腕利きのバリスタがいるカフェが社内にあって、多くの人がコーヒーを飲みながらさまざまな話をしている様子を実際に目にしました。所属する自部門にとどまらず、部門間の横断的なネットワークをつくっているのが印象的でした。また、社外に関心のある人がいると即座にメールで連絡を取り、洒落たカフェやレストランで話を始めている光景にも遭いました。つまり、人と人との「新しい結合」がイノベーションを起こす源泉だと思わされる場面を多く見たのです。

前述した、不確かな時代に必要な「学習優位」の組織風土をつくるとき、この新しいメンバーとのネットワークは不可欠な要素でしょう。自分が慣れ親しんだ場から脱却し、馴染みのない新しい領域での未知の学びを得るためには、日常の仕事仲間とは異なる他社のメンバー、異業種のメンバー、仕事を離れた生活圏でのメンバーとの接触が必須です。そういった新たな出会いによる反応が、古いものを捨て去り、新しい領域に挑戦する学びの新陳代謝を起こす格好の機会となります。さらに、それが単なる意見交換にとどまらず、志を同じくするメンバーがリスクをとって新たな価値に挑戦する場をつくることができれば、未来をつくり出す「学習優位」な状況に近づきます。

実際、複業・兼業の動きが広がる中で、本業以外の場所で「トライ・アンド・ラーン」ができる時代にもなってきています。私が連携しているPeople Treesという人事コンサルティング会社では、自社に本籍を置きながらも、副業の立場で、依頼のあった会社の人事プロジェクトに対してコンサルタント（秘密保持契約による業務委託）として参画するという例も出てきています。

働き方改革が進む中で、本業で生産性を上げ、いわば「余白の時間」をネットワークの開拓に使うことは、将来の新しい価値を創造するうえでますます大きな意味を持ってくると考えます。

しかし、ここで注意しなければならないのは、ネットワークは「ギブ・アンド・テイク」の関係を前提としており、とりわけビジネスパーソンが社外のネットワークを拡大していくためには、まず本人が自己投資をして、魅力的な話題を提供できる人になっていく必要があります。

外資系時代、私は、上司から「月給の5％は常に自分の学びに投資しなさい」と言われたことがありますが、日本企業でも上司が部下に対して同じことを言えるようになっていくのかどうか、そのあたりも課題かもしれません。

地下水脈の明文化

続いて、③「社員は組織への帰属意識を高められる」という特性について掘り下げてみます。

長期雇用を前提とした経営によって高められた社員の帰属意識は、組織力を向上させます。

しかし、社員が、大きな組織にぶら下がっていることで得られる安心感や、「寄らば大樹の陰」の気分に浸っているだけでは、組織のパワーは生まれません。組織力を向上させる真の帰属意識は、志を同じくする主体性を持ったメンバーの間で共有されるものです。

そういう帰属意識を高めるために企業はどうすればいいのでしょうか。私はそのアプローチを「地下水脈の明文化」というふうに説明しています。

多くの企業には、創業以来の「社風」「企業文化」「組織ＤＮＡ」といった歴史的遺産があります。地下水脈はそれらに当たりますが、ふだんは目に見えにくく、全社的な理解が進んでいない場合もあります。社内で「わが社らしさ」とか「うちらしさ」といった言葉は頻繁に交わされているのに、その「らしさ」が何なのかを誰もよくわかっていない。キャリア採用の面接で応募者に「うちはいい会社ですよ」とは言えても、「どこがどういいのか」をうまく説明できない。それが、地下水脈が明文化されていない状態です。私自身、複数の転職先で、その地下水脈をはっきりと理解できないことが多々ありました。

もともと日本の文化は「ハイコンテクスト」だとよく言われます。ハイコンテクストとは、人々がコミュニケーションを交わす際の前提となる「文脈（価値観や考え方）」が似通っている状態を指しており、そういう社会では、人々が言葉を用いなくてもお互いの意図を察しやすくなります。日本企業もまさにそうで、しばしば「以心伝心」や「あうんの呼吸」で物事が動きます。

しかし、社員の組織に対する帰属意識を高めていくためには、やはりそれだけでは不十分で、地下水脈をビジョンやミッション、バリューやパーパスといった形で明文化していく必要があります。「水質」そのものは維持するとしても、自社が目指す方向性を言葉によって明確にし、それに対する社員の共感を得て、社員の行動を同じ方向に向ける。そこから組織力が生まれるのであり、とりわけ重要なのはトップが発信するメッセージです。

特に事業のグローバル化を進めている企業では、地下水脈の明文化は不可欠です。海外の法人で働く外国籍の社員に対して、「わが社らしさ」や「うちらしさ」をあいまいな言葉で説明しても意味が通じにくいからです。

これは、日本企業が海外企業とのM&A成立後のPMI（Post Merger Integration）のプロセスでよく目にする光景です。欧米の企業では基本的に行われることですが、多様性を活かそうとする経営を推進するには、企業の存在意義となる経営理念、言い換えれば企業のパーパスを明示してわかりやすく説明することが必要条件となります。

たとえば、味の素は、社会的価値と経済的価値の共創を追求する「ASV（Ajinomoto

Group Creating Shared Value)」を戦略目標として掲げました。これは地下水脈を明文化することの重要性をよく理解していたからです。実際、ＡＳＶは、外国籍社員たちの帰属意識の向上に寄与しました。

今後のことに目を向けると、国籍、年齢、バックグラウンドを問わず、多様な考えを持つ人財という遠心力を組織内に内在させることが、新しい価値を創造するためのドライバーになると考えられます。この遠心力を束ねる求心力こそ、経営理念であり、企業パーパスです。その理解と浸透はますます重要になるでしょう。

ただ、これまでの経験から、この企業パーパスと多様な個人のパーパスの重なりを大きくするには、さまざまな工夫と取り組みが必要だと思っています。

まず、この理念がなぜ大事なのかを社員全員が理解し、共感するところから始めなければなりません。また、日々の活動で、その理念がどのように反映されているのかを実感することも大事です。

そして、何より大事なのは、これらの取り組みの過程で、個人と組織の両サイドからそれぞれの思いを述べ合い、双方が理解し、重なりを模索していく対話の実践です。グローバルにビジネスを展開していく過程では、この対話が、個人と組織の相互信頼関係を構築するうえで不可欠になっていると強く感じます。

複業・兼業の経験で得られるもの

最後に④「社員は長いキャリアを通じて、さまざまな経験を積むことができる」という特性について検討します。

メンバーシップ型の雇用では、社員は定期異動を通じてさまざまな業務に就き、さまざまな経験を積むことができます。この点はメリットですが、経験の内容が一層重要になってきたと考えます。本人の主体的なキャリア・ビジョンと合致しているのか、また、本人の潜在力を発揮できる成長の機会になっているかが問われていると言えます。

また一方で、雇用システムがジョブ型に一気に完全移行すると、社員それぞれの職務ミッションが明確になる半面、「従業員経験価値」が低下してしまう可能性があります。いったん人事部門に配属されたら、ずっと人事のまま、他の経験を積みたければ転職するしかないといったケースも出てくるかもしれません。

もちろん、ジョブ型の雇用によって、社員がそれぞれ得意とする領域において専門性を深めていくのは大事なことですが、変化が激しい時代の企業にとっては、特定の分野を極めているだけでなく、そのほかの幅広い分野においても精通している「T型人財」（人財の特徴を表した造語で、「T」の縦棒を専門性の深さ、横棒を視野や知識の広さに見立てている）も欠かせません。

したがって、ジョブ型雇用に移行する企業では、経営者や人事部門が社員一人ひとりを「育む目」と「貫く目」でよく見て、本人の主体的なキャリアへの思いを踏まえながら、より丁寧で計画的な異動や配置を進めていかなくてはならないと思います。

また、社員に「キャリアオーナーシップ」（一人ひとりがやりがいを感じながら、主体的にキャリアを形成していく働き方や生き方。法政大学の田中研之輔教授が提唱）の意識や、キャリアアスピレーション（職業人生における志）を持ってもらい、自らの人生を切り開いていくためのリスキリング（学び直し）に挑戦していけるように後押ししていく必要もあります。空いているポジションを公表して希望を募る「ジョブポスティング」を導入する際にも、社員のキャリアオーナーシップは不可欠です。

とはいえ、今、世の中で騒がれているような自立的キャリアの推進と言われても、現実には困る方も多いのではないかと思います。何十年と会社の命を受けて必死に頑張ってきた年齢層を中心に、「自分は何をしたいのか」という問いに対する解を見つけることは、それほど容易ではないでしょう。かつて、キャリア面談の際、優秀な部下に「将来、何がやりたいか」を聞いたときに沈黙の時間が流れたことを思い出します。

ただ、学生時代に就職活動を展開していたとき、ほとんどの人は「自分は何をやりたいのか」を必死に考えていたのではないでしょうか。この業種であれば、この仕事であれば面白そうだ、自分に向いていそうだと思ってキャリアをスタートさせたと思います。であれば、そのときのことを思い出し、今の会社で何ができるのかを考え、チャレンジしてみる。

あるいは、複業・兼業などの場を活用しながら、自分の力を試してみることも有益だと思います。本業から離れたアウェイな場所から自分を見直すことや、関心のあることに挑むことで見えてくることがきっとあるのではないでしょうか。

ここで、本書で繰り返し述べてきた複業・兼業の意味について改めて考えてみたいと思います。

前掲の『越境学習入門』の中で石山教授らは、ホームからアウェイに越境した個人の中で生じる変化を「葛藤→行動→俯瞰→動員」のプロセスで説明しています。アウェイで慣れないやり方に戸惑い（葛藤）、苦しみながらなんとかしようともがき（行動）、やがて自分が置かれた状況を客観視できるようになり（俯瞰）、ホームとアウェイの強みと弱みを把握して、周囲を巻き込んで挑戦できるようになる（動員）。

こうした「葛藤→行動→俯瞰→動員」のプロセスは、実はホームに戻ってきた後にも起こります。特に「俯瞰」と「動員」の経験は、本人にとってもホームの企業にとっても貴重です。

ロート製薬を例に挙げるならば、複業経験者は、事業全体を見渡す能力や外部者と関係性を構築するスキルを獲得しているようでしたし、社内の事業部で兼業をしている人事のメンバーたちは、事業戦略に基づいた人事戦略のあり方を考える力を身につけ始めているように見えました。また、複業・兼業経験者は、自身の選択を受け入れてくれた上司や周囲の同僚たちに対する感謝の念も抱いており、その分、人間性も豊かになっていると感じられました。彼ら彼女らは将来、変革の担い手になってくれるのではないかと私は期待しています。

さらに将来の動向を考えると、今後ますます外部環境の変化が激しくなり、今まで見たことのない状況に突入していくことも考えられます。私たちは、そんな難しい状況への対応力を鍛えていかなければならず、その力は、まさにこの越境学習から得られる「葛藤→行動→俯瞰→動員」のプロセスから生まれる柔軟な「学び続け、挑戦する姿勢」から培われると思います。

この柔軟性を持つためにも、自分は何に関心があり、キャリア上で何を追求していきたいかという軸が必要です。言い換えれば、「Who am I?」という主体性が問われていくのです。そのためには、さまざまな経験の場を持ちながら自分自身を見つめていくことが必要になるでしょう。

組織開発の必要性

ここまで、日本企業の強みである特性を特定し、それが将来に向けて継続するために必要と考えられる人事変革のポイントについて述べてきました。ここで示した課題は、実はいずれも組織開発という大きな課題に行き着きます。「組織風土の醸成」と言ってもよいでしょう。

組織風土は、所属する各人の日々の行動の総和となって表れるものです。コンプライアンスの順守という守りから、新規事業の展開という攻めに至るまで、組織の活動を具体的に行うのは個人です。個人の行動が組織風土をつくり出します。

これからの日本企業は、いかにして新しい組織風土を醸成していくのか。それが最大の課題でしょう。はっきりと言えることが二つあります。一つは、今とこれからの時代の変化に対応するべく、各人が望ましい方向を見据えて、主体的にのびのびと活躍できる組織風土をつくる必要があるということ。もう一つは、その組織風土は、かなり意図的につくる必要があるということです。

組織の力学は、どうしても上層部の力に従わざるを得ない方向に働きやすいものです。放っておくと、多くの個人が「その方が楽だ」と考える状況になっていきます。最悪なのは、上層部の指示に疑問があっても何も言わない（言えない）状況です。コンプライアンス違反はこのような組織風土から生まれます。

今、ガバナンスの強化やスピードある新規事業推進などの変革が企業に求められています。変化のときだからこそ、各人がオープンに意見を述べ、思い切って手足を伸ばして主体的に行動し、変化に挑戦できる土壌が必要になっているのです。

組織の力はどこから生まれるのか

『コーポレート・トランスフォーメーション』（文藝春秋、２０２０年）の中で冨山和彦氏は、「今や現実の戦略は組織能力の従属変数であり、急速な変化に対応して最適戦略を打ち続けられる組織能力を持っているかが問題である」「組織能力自体をもっと重要な経営対象にすべきで、その可変性を大きくしない限り持続的な競争優位を保つことが難しい時代である」と述べています。つまり、戦略も競争優位も組織能力から生まれると説いているのです。また、組織能力の可変性を大きくする要因として、組織内の多様性、流動性、多元性、そして各人のプロフェッショナリズムをあげています。

この考えは、前述の名和教授の「戦略優位性から学習優位性へ」と基本的に類似しています。組織の力について、世界二大コンサルティングファームで活躍された二人のストラテジストが提唱するメッセージには大変なインパクトがあります。

では、その組織能力とは何でしょうか。私は、「静的な状況に思える組織風土を将来に向けて意図的に適切に創る動的な組織の力」と考えます。

過去に勤めていた外資のリーディングカンパニーであるノバルティスでは、Organization

Development という部局がありました。私は、当時の日本法人において、その部局の長でした。この部は人事機能を持ちながら、社員全員が経営理念を共有して、柔軟に外部環境に対して主体的に挑戦し、そしてエンゲージメントを高めていける施策を打ち出していました。ノバルティスでは、当時「Leverage Potential＝社員各自の潜在能力を開花させ、全員が経営参画して組織力を上げる」というグローバルスローガンの下、私たちの人事チームは新規事業の展開に向けてさまざまな取り組みを推進していたのを思い出します。

いくら先駆的な人事制度を構築しても、その基盤になる組織風土が健全でなければ、うまく展開できません。常に組織風土を適切に醸成しておき、それを意図的に変え、新たな組織の力をつくり出していける環境が必要です。ノバルティスには、そんな環境がありました。

また、私たちは、組織の力は単なる個人の力の足し算ではないと考えていました。チームワークとしての相乗効果を生み出す掛け算にする、つまりアリストテレスが言う「全体は部分の総和に勝る」を目指したのです。そして、具体的な組織体制、チーム体制の構築、さらに部下を持つ上司の育成プログラム（People Management：人を活かすマネジメントの向上プログラム）の展開をグローバルレベルで取り組みました。常に変化していく時代だからこそ、いつでも意図を持って適切な組織風土をつくる力が必要になります。

人的資本経営に関する「人材版伊藤レポート」の中にも、第三の視点として、動的人財マネジメントの展開を支える要素に「企業文化の定着」が記載されています。つまり、「人材戦略が実行されるプロセスの中で、組織や個人の行動変容を促すような企業文化が定着しているか」を重視しているのです。私自身も人事の執行に長くかかわり、将来事業ポートフォリオを担保する人財ポートフォリオの検討という「動的人財マネジメント」の必要性を訴えてきました。

ただ、昨今は、適切な将来戦略の見通しが確実に難しくなっており、非財務などの社会的課題への対応が価値創造に必要になるという変化から、戦略の大きな方向性の明示は必要なものの、現場では「何をやるかが先ではなく、誰とやるかによって何をやるかが見える」という動向もあります。未来に対する見通しは悪くなる一方なのですが、その反面で、ますます個人が主役の時代になってくるとも感じています。

個人と組織の変化を促すには

では、個人と組織の行動変容を促すためにどんな施策を実行していけばよいのか。たとえば、企業でよく見られる光景ですが、行動規範の数カ条を壁に掲げて朝礼で唱和すればよいのでしょうか。

私は、具体的な仕組みを内在化させる必要があると考えます。具体的に二つあると思います。一つは、エンゲージメントサーベイ結果の深掘りとアクションのフォロー。もう一つは、組織を牽引するリーダーの自分自身を見直すSelf Reflectionであり、具体的には３６０度評価の活用です。

現在、多くの日本企業がエンゲージメントサーベイを取り入れるようになりました。自分自身は外資で人事のキャリアを始めて以来、このサーベイの展開を20年余りリードしてきました。

最も重要なことは、社員に率直に声を上げてもらうことです。そのためにも、サーベイの結果が出た後は、マネジメント層は真摯にその結果に向き合うことが重要です。そして、問題点となる組織課題の真因「Root Cause」を探って、それに対するアクションプランをつくる。そのプランを、全社的な展開と各現場での展開に分けて提示し、次回のサーベイまでの進捗を追っていくのです。

よくあるケースは、質問に対する点数結果だけで議論が終わることです。真因を探らないので、アクションプランがピンボケになります。たとえば、会社のパーパスへの理解度が低い場合、広報がパーパスに関するメッセージを頻繁に流すケースがありますが、これは直線的すぎる解決策です。なぜ社員は理解できないのか。その理由を深掘りしなければ、変化は生じません。

私の場合、ノバルティスでの取り組みがグローバル規模で各国の状況を尊重したヨーロッパ系企業であるだけに、かなり参考になりました。毎回、エンゲージメントサーベイの取り組みをマネジメント層の優先課題として取り上げ、経営層全員で二日がかりの泊まり込みでの議論をし、課題の真因を探り、その解決策を経営戦略の重要課題として社内外に示してきました。事務局の各国人事である私たちも、時差にめげず国際電話会議で活動内容のフォローについて議論を繰り返しました。

また、各人の行動変容で重要なことは、まずは経営層やリーダー層の360度サーベイなどで自分自身を振り返ることです。自分自身を客観的に見直すことはつらいところがありますが、上位層が真摯に向き合っている姿を示していかなければ、社員の多くは「うわべだけの改善だ」と思ってしまいます。

今、私はこの取り組み方に改めて深い意味を感じています。変化の大きい時代だからこそ、自分自身を映す「鏡」の内容も変化していくのです。今、グローバルの最前線でリーダーの要件となっている「鏡」は何だと思いますか。それは、足元の事業戦略のリードにとどまらず、非財務的な社会課題を見据えた将来の戦略思考であったり、その行く末を多様なメンバーに腹落ちできるようにするコミュニケーションの力であったりします。

最近、日本の企業でも、リーダーに対して３６０度アセスメントやエグゼクティブコーチングを行うところが出てきています。そのような場面で、私が対話の進行役を務めることも多くなっているのですが、そこで特に気になるのも「戦略思考」と「納得性の高いコミュニケーション」です。

このように、幹部がリーダーシップのあり方を考えるための「鏡」も常に変化していて、それを絶えず更新していくことが必要になっています。その「鏡」の更新を促すのも人事の仕事になってきていると、私は思います。

これからの時代における人事の役割はどのようなものなのか。次章では、人事部門の新たな役割や人事パーソンが身につけるべきスキルや資質などについて論じてみたいと思います。

第6章

今後の人事はどうあるべきか

――人的資本経営の実現に向けて

CHROはスーパー人事部長ではない

ここのところ、日本でもCHROを置く企業が増えてきました。しかし、CHROの役割についてはまだ理解が追いついていない企業も散見されるようです。人事部長の上にもう一つポジションをつくって人事のベテランを選任し、CHROと呼ぶようにしたものの、何をする人なのかいまひとつはっきりしないとか、人事部長をもう一段上から監督、管理する"スーパー人事部長"が置かれただけ、といったケースもあるのではないかと思います。

また、経営トップであるCEOの中にも、CHROの役割をよく理解しないまま、「人事のことはややこしいから、とりあえずCHROに任せておいて、自分は経営戦略の策定に特化したい」と思っている人がいるように見受けられます。

企業にCHROを置くというのは、人と組織に関するアジェンダが、将来に向けた経営戦略をめぐる議論のど真ん中に設定されることを意味しているのですが、当のCHROもそしてCEOもそのことに意識を向けないまま、両者の仕事が連動していない。年次管理式の人財マネジメントからなかなか抜け出せず、人事戦略が経営戦略から切り離されている。そんな企業が少なくないように思われます。

けれども、CHROはスーパー人事部長ではありませんし、人事の業務だけを取り仕切っていればいいわけでもありません。

この点については「人材版伊藤レポート」でも言及されていて、同レポートでは、CHROは経営戦略上重要なアジェンダに広く関与し、CEOとともに人材戦略の策定・実行を主導する、CHROが果たすべき役割は従来の人事部長とは異なるため、事業部門などでの幅広い経験や、経営戦略と人材戦略を結びつける専門性を持った人財を選任する必要がある、CHROは自ら投資家に対して、経営戦略を実現するうえで不可欠となる人財戦略について積極的に発信・対話を行うとともに、そこで得た気づきや改善点を人事戦略や人事施策に主導的に反映させる必要がある――といった記述が見られます。

さらに「人材版伊藤レポート2・0」では、CHROの役割・責任が以下のように定義されています。

◆経営戦略の実現に向けた人材面の課題を常に把握し、経営陣に解決策を提案し、実行する。

◆全社の人材戦略やその実行上の課題、具体的施策について、経営陣・取締役会に定期的に提示し、議論を主導する。

◆全社の人材戦略に連動するKPIの達成について、CEOとともに最終責任を負う。

◆経営戦略や人材戦略を実現する上で不可欠な企業文化について経営陣・取締役会との議論を主導し、その浸透について責任を負う。

◆社員や投資家を含むステークホルダーに対し、人材戦略、その実行上の課題、具体的施策について、発信し、対話を行う。例えば、中期経営計画等で人材戦略の変革を打ち出す場合、投資家との対話の場に参加する。

そのうえで、同レポートでは、CHROの職務を果たしていくためには、経営やファイナンス、競合状況や製品特性などについての理解を必要とし、企業は、CHROのポテンシャルを持つ社員を、事業の成果責任を担うポジションに計画的に配置して、その経験を通じてCHRO候補に育成するべきであると提言しています。

これは現代の企業経営ではごく一般的な考え方であり、ハーバード・ビジネススクールなどで教鞭《きょうべん》をとり、著名な経営アドバイザーでもあるラム・チャランは、ドミニク・バートン（元マッキンゼー・アンド・カンパニー・グローバル・マネージング・パートナー）、デニス・

ケアリー（コーン・フェリー副会長）との共著の中で、ＣＥＯとＣＦＯとＣＨＲＯが連携する「Ｇ３（Group of 3）」の重要性を説いています（『Talent Wins（タレント・ウィンズ）』中島正樹、堀井摩耶、齋藤佐保里、大高美樹、羽角友樹雄監訳、栗木さつき訳、日本経済新聞出版社、２０１９年）。

スーパー人事部長なら、ＣＥＯの打ち出した事業戦略に従って、粛々と人事施策を実行していれば、その役割を果たしたと言えるかもしれません。しかし、ＣＨＲＯは違います。新たな事業ポートフォリオを描こうとするＣＥＯに対して、「その構想を実現するためには、こういう人財が必要です」とか、「そういう人財の育成や外部からの採用にはこれくらい時間がかかりますから、スタートはもう少し待ってください」というふうに、人と組織の観点から意見を述べ、ＣＥＯやＣＦＯと対等に渡り合いながら、より有効な経営戦略と人事戦略を導き出し、遂行していくべきです。

ＩＲの席にもＣＥＯやＣＦＯと一緒に出て、投資家から「経営戦略の実行を担保する人事戦略はどうなっているのか」といった質問があれば、自らそれを説明するのもＣＨＲＯの重要な役割です。かつて私が在籍していたファイザーやノバルティスでも、本社ＣＨＲＯがＣＥＯとともに、グローバルの人事戦略を機関投資家に向けて説明していました。

継続性と戦略性、ウォーターフォール型とアジャイル型

このようにＣＨＲＯは新たな企業人事のいわば象徴となるポジションであり、今後は企業人事のあり方や機能も変わらざるをえません。

前出の八木洋介さんは、これを「継続性のマネジメント」から「戦略性のマネジメント」への移行だと述べていますが、私も同様の見方に立っています。

継続性のマネジメントとは、「過去」を見て、自社における歴史的連続性を重視するマネジメントです。人事機能について言えば、そのスタイルは管理型であり、年功序列や終身雇用といった社内ルールや社内バランスに配慮した施策を運用します。人財を登用する際の基準はその社員に経験があるかどうかであり、社員の能力やポテンシャルよりも年次や勤続年数を見て配置や異動を決めます。これは、組織内に規律を行き届かせ、その中である程度の自由を許容する人事であり、社員に対する評価は相対評価が基本です。

これに対し、戦略性のマネジメントは、「将来」を洞察して戦略を各機能に反映させていくマネジメントです。人事の機能として求められているのは、専門性・着想力・実行力をベースとした経営者との対話と、事業戦略に連動した動的な人財マネジメントであり、多様な

個をまとめる求心力としての企業パーパスを組織内に浸透させるとともに、社員一人ひとりが自身のパーパスを実現できる機会を提供して、従業員経験価値を高めます。社員に対する評価は基本的に絶対評価です。

「自由」と「規律」という観点で言えば、継続性のマネジメントに基づく人事は、組織内に規律を行き届かせて、その範囲内で社員に自由を与える人事、戦略性のマネジメントに基づく人事は、組織内の規律を保ちつつも、そこから飛び出す社員の自由をより尊重する人事です。

また、システム開発の領域では、要件定義、設計、実装、テストといった工程を上流から下流まで一つひとつ段階的に進めていく方法を「ウォーターフォール（Waterfall）型」、小さな機能の単位で各工程の開発を何度も繰り返す方法を「アジャイル（Agile）型」と呼びますが、人事についても似たようなことが言えます。継続性のマネジメントに基づく人事はウォーターフォール型、戦略性のマネジメントに基づく人事はアジャイル型というふうにたとえることができます。

ウォーターフォール型人事が重んじるのは、会社として最初に決めたことを最後までやり切ることであり、制度や規則や慣習に従って、経験豊富な人たちでチームをつくり、着実な事業展開と業績向上を目指します。

他方、アジャイル型人事が重んじるのは、試行錯誤を短期間に繰り返して、できるだけ早期に価値を創出することであり、変化に対応できる多様な個の力を結集させて組織の力へと変えていきます。その際に人事に求められているのは、パーパスの共有ができていて有用な情報と能力を持っている社内外の人財を集めて組織をつくり、その力を向上させることにほかなりません。

アジャイル型人事では、人事部門を始め各部門のチームワークも問われます。

立教大学の中原淳教授と田中聡助教は、共著『チームワーキング』（日本能率協会マネジメントセンター、2021年）の中で、チームのメンバー一人ひとりが主体的かつダイナミックに動いている状態を「チームワーキング」と表現していますが、これはまさにアジャイル型人事が目指すべきあり方だと言えるでしょう。

中原教授らは、チームワーキングに必要なのは、チームの全体像を常にとらえる「チーム視点」、自らもリーダーたるべく当事者意識を持ってチームの活動に貢献する「全員リーダー視点」、チームを動き続けるもの、変わり続けるものとしてとらえる「動的視点」という三つの視点だと説きます。

また、目標を常に確認し合う「ゴール・ホールディング」、動きながら課題を探し続ける「タスク・ワーキング」、それぞれが考えていること、感じていることを相互にフィードバックし続ける「フィードバッキング」という三つの行動原理がチームワーキングを生み出すとも述べておられます。ポイントはこれらのワードが「ing」のついた進行形になっていることです。目標や解決策を固定せず、常に変化に対応することを前提にしています。

中原教授らは、このチームワーキングをチーム全般に当てはまる考え方として提唱しておられますが、私は、変化への対応を重視するアジャイル型人事を打ち出す人事部が率先垂範すべきだと考えて実践しようとしています。

経営者視点で全体を見渡しつつ、多様な「個」に寄り添う

では、今後の人事を担いうる人事リーダーや人事担当者はどのような能力やスキルを必要としているのでしょうか。

一つは、経営層と対話する力です。実際にＣＥＯやＣＦＯと日々やりとりをするのはＣＨＲＯでしょうが、人事部門に属している人は、たとえ一般社員であっても、自社が目指す将

来像とそれに向けた事業戦略を経営者の視点に立って理解して、人事施策を提案、運用することを求められます。

そのためには、人事部門一筋のキャリアを歩むのではなく、営業、事業部、経営企画、IRといった人事以外の部門で実務経験を積むことが大切ではないかと私は考えています。人事にとっての直接の顧客は自社の社員ですが、社員の向こう側にはマーケットがあり、外部の顧客がいます。そのマーケットや外部顧客のニーズがどのように変化しているのかを読み取る感性は、人事リーダーはもちろん人事担当者も身につけておくべきで、でなければ、経営者視点に立って戦略的な施策を提案、運用することが難しくなります。特に採用や育成など、実行に移してから成果が見えてくるまでに時間がかかる施策は、経営層がどのように考えているのかをよく理解して立案する必要があります。私自身、自分のコンサルティング時代を振り返ってみて思うのですが、人事として経営に貢献するためには、人事以外の経験を通じて経営者視点を身につけておくことが必要です。

その一方で、人事リーダーや人事担当者には、多様な「個」に寄り添う能力も求められます。社員一人ひとりに目配りをして、「育む目」と「貫く目」で個々の成長を支えながら、そのポテンシャルを最大化する、そういう繊細さを兼ね備えていなければなりません。

近年、「ダイバーシティ（Diversity：多様性）＆インクルージョン（Inclusion：受容性）」と呼んで推進してきた取り組みに「エクイティ（Equity：公正性）」を加え、「ＤＥＩ」とか「ＤＥ＆Ｉ」というふうに言い換える日本企業が増えてきています。

この「Ｅ」については、「イクオリティ（平等：Equality）」ではないということに気をつけた方がよいでしょう。平等とはすべての人を同じように扱うことですが、公正とはそれぞれの人の希望や要請に真摯に対応することです。人事として個に寄り添う能力はまさにこの公正性にかかわってきます。

けれども、ここで難問にぶつかります。どういうことかというと、マクロな経営者視点に立って組織全体を見渡す人事と、目の前にいる社員にミクロな視点で寄り添う人事はしばしば対立するのです。

たとえば、デジタルトランスフォーメーション（ＤＸ）を全社的に推進していくために、専門性を持った若手をプロジェクトのリーダーに抜擢するとしましょう。この配置はＤＸ推進という会社の戦略にはかなっていますが、下手をすると組織内に不協和音を生じさせかねません。というのも、社内には、デジタルに関する知識は持ち合わせていないものの、ビジネスパーソンとしては成熟しているミドル層が多くいるはずだからです。ＤＸは必ず推進していくとして、そういうミドルたちの今後の育成、登用、処遇はどうするのか。寄り添わないで放っておいたら、組織内はギスギスした雰囲気にならないか。人事はこうしたジレンマから目を背けるわけにはいきません。

戦略人事の研究を続けてきたミシガン大学のデイビッド・ウルリッチ教授は、今日のビジネス環境において人事担当者に求められる資質を抽出し、その中の一つに「パラドクス・ナビゲーター（Paradox Navigator）」を挙げています。これは、職場内で起こるさまざまな矛盾にうまく対処する資質であり、組織と個人、短期と中長期、新規事業と既存事業といった二項対立に向き合う能力を指します。

今、挙げた例に沿って言えば、ＤＸ推進という戦略を遂行していくために若手を登用しつつ、成熟したミドルにもそれぞれの能力を活かせるポジションに就いてもらう、そういうふうにパラドクスを乗り切る力が人事リーダーや人事担当者には欠かせません。

こうしたパラドクス・ナビゲーターの能力を発揮するために必要なのは、ひと言で言えば「良識」です。将来に目を向けた洞察によって戦略を理解するとともに、打ち出した人事施策が組織にマイナスの影響を及ぼすのを、良識的な判断によって柔軟かつスピーディに防ぐ。ここがパラドクス・ナビゲーターとしての腕の見せ所です。私の場合、完全に正しい解がない人事のテーマにおいては、5年後に8割の社員が「なるほど」と思える方向性を考え出して、それを一つの判断の物差しにしてきました。

さらに言うと、パラドクスに対処する際に限らず、人事リーダーや人事担当者は日々、社員のさまざまな声に耳を傾け、社員に対して会社の事業戦略とそれに連動する人事戦略をわかりやすく説明できなくてはなりません。経営の意図を伝えつつ、組織内の声を吸い上げる、そういう高いコミュニケーション能力が不可欠です。相手の話をよく聞いて、自分もよく考えて話すこと、そういうコミュニケーションの能力を磨き、社員の「ココロ」に火をつけることが大切なのです。

CoEとHRBP

組織全体を見渡すマクロな経営者視点を持ちつつ、多様な個に寄り添うミクロな視点を持つ、この相矛盾する役割を組織的に両立させる方法もあります。それは、本社人事と事業部人事を分けることです。

欧米のグローバル企業では、自社の将来を踏まえた「全体最適」を経営者視点で考える本社人事を「センター・オブ・エクセレンス（Center of Excellence：CoE）」と呼び、現場の個に寄り添いながら人事施策を「部分最適」で運用する事業部人事を「HRビジネスパートナー（BP）」と呼んで分けてきました。

CoEでは、最新の人事関連情報を学びながら各社の将来戦略にふさわしい、採用、育成、登用、組織開発、タレントマネジメントなどの全社的人事施策の構築と展開の推進を担当します。

これに対し、HRBPは、現場の労務管理や、パーパスや経営理念の浸透、社員のキャリア開発支援などに取り組みつつ、エンゲージメント調査の結果などを見ながら人事施策の運用のあり方を考え、施策を変更する必要があれば、その旨をCoEに伝えます。また、現場の情報収集を通じてタレントマネジメントの一端を担い、サクセッションプランの策定に協力します。

最近は、日本でもHRBPを導入する企業が大企業を中心に増えてきています。「個人」が主役の時代に向けて、その機能は重要になり、また、その役割は各社の人事施策の主要な狙いを反映しています。たとえば食品メーカーのカゴメでは、HRBPの役割の定義を個人の自律的キャリア開発支援、現場人事課題の明確化、経営・本部とのブリッジ役になることで、個々の課題を着実に解決していくこととしていて（『カゴメの人事改革』有沢正人・石山恒貴、中央経済社、２０２２年）、一つの参考になります。

そういう企業では、本社人事が果たすＣｏＥとしての役割も自ずと明確になっています。全体最適を考えるＣｏＥと部分最適を考えるＨＲＢＰという二つの機能を人事組織に持たせ、両者の対話をＣＨＲＯがつなぐことによって最適解を導き出していく。人事担当者は、ＣｏＥとＨＲＢＰを異動で行ったり来たりしながら、両方の仕事に必要な視点である全体最適と部分最適の考え方（まさにパラドクス・ナビゲーターです）と能力を身につけた人事リーダーに成長していく。こういう人事組織のあり方が今後はもっと広がっていくのではないかと思います。

今後、多様性を受容する組織の力が求められ、個人が主役になってくる時代には、ＨＲＢＰはさらに重要な役割を担うことになるでしょう。これまでの日本企業にも、部門人事という機能がありました。しかし、これから望まれる機能との大きな違いは、現場の御用聞きではないという点です。

そもそもタスクが異なります。これまでの部門人事は、事業戦略を推進するためのサポート役として、人の採用、配置、評価と報酬支払、労務管理などのタイムリーな人事タスクをこなす管理機能が求められてきました。しかし、これからは、組織能力の進化を促し、組織風土を意図的につくり、個人が主体的に日々行動しながら将来に対応できる力を身につけていくための人事機能が必要です。だからこそ、各現場のＨＲＢＰの力がますます重要になっていくのです。

今後、人事データ管理や書類対応業務という個別に時間がかかるサービス作業は、人事サービスセンターなどの別機能に移すことも検討すべきでしょう。むしろ、ＨＲＢＰは、集まった各人の情報をデータ化し分析することで、今後の人事施策に活用できるようにしていく役割が求められるはずです。

ただ、そうは言うものの、人事はかなりアナログな対話部分に重要な情報や分析のヒントがあったりします。個人個人の生活状況も違うことから、個別の窓口は信頼できる人事メンバー、またはサポートできるベテラン女性人事メンバーが当たっているケースが多く見られますが、そのような機能はあえて残してもよいと考えます。

また、組織能力の開発や組織風土づくりの強化の観点から、ＣｏＥのチームの中に前述のオーガニゼーション・デベロップメント（Organization Development）を設置し、専属チームをつくることも有効でしょう。昨今、先駆的企業の中には、「People Culture室」という部署を設置するケースもあります。

また、Chief HR Officer ではなく、「Chief People Officer」という名称で、人を中心に考えて組織の力を向上させるというメッセージを社内外に全面的に押し出す企業も見られます。組織の名称、つまり「看板」を変えることで社員の意識や行動が変わり、そこから組織風土の変革につなげようという意図と道筋が見えます。

人事に求められるマインドとは

すでに何度か記した通り、２０２３年春、私はアメリカ西海岸を訪れて、企業人事の専門家、企業家、アカデミアの方々と意見交換をしましたが、その過程で探求したのは、これからの人事リーダーや人事担当者に必要なマインドとはどのようなものかということです。人事として求められる能力やスキルをせっかく習得していても、それが活かされるかどうかは本人のマインドにかかっているからです。

西海岸の人事関係者たちと話していて私が思ったのは、人事リーダーや人事担当者には、以下の四つのマインドが必要だということです。

Be Authentic――自分らしくあること（周囲の真似ではない自分の軸を持っていること）
Have Fun――楽しく挑戦していくこと（単に楽な状態ではなく、真剣にやることで得られる楽しさ）
Look Forward――将来に視点を飛ばしてポジティブに考えること（過去から学び将来に活かそうとする姿勢）
Leverage Potential――自分や周囲の人たちが持つ可能性を開花させようとすること（独りよがりにならず周囲の多様なメンバーの良さに目を向ける視点）

これらは、私が現地で出会った人たちが共通して持っているマインドでした。私自身が敬愛してきた人事の先輩たち、現在、企業で人事のトップやＣＨＲＯの職に就いている仲間たち、そしてこの領域の研究者の方々も、同様のマインドを持っているように感じられます。

かつての人事は、真面目で勉強家の優秀層が選ばれて担当することが多い仕事でした。しかし現在の企業は、いわば荒波の中を進んでいく船のようなものであり、運航のサポート役である人事リーダーや人事担当者が真面目で勉強家というだけではやや心もとないでしょう。

舵取り役である経営層の指示を乗組員に当たる社員たちに伝え、乗組員のやる気や意欲を高めながら、船を無事に目的に到達させていくためには、能力やスキルだけでなくマインドを必要とします。そのマインドというのは、挑戦を楽しむマインドや将来を前向きにとらえるマインド、自分たちが持っているポテンシャルを開花させようとするマインドや、自分らしさを大切にするマインドではないかと思うのです。

人事の仕事の基本は、組織に属して働いているすべての人が持っている意欲や課題に、平常心を保ちながらフェアに向き合い、その思いを聞き取っていくことだと私はとらえています。そういう場面に臨む際にもこれら四つのマインドは大切です。

では、どうすれば、そういうマインドを持つことができるようになるのでしょうか。

まずは人間そのものに関心を持つことでしょう。尊敬する八木洋介さんからは「人事を勉強するのなら、これからは行動心理学と脳科学です」と勧められましたが、その理由はよくわかります。味の素時代に、スイスのビジネススクールＩＭＤが開催する「企業内研修のあり方」についての講座を受講したところ、講師のシュロモ・ベンハー教授は心理学の学位を持っている研究者でしたし、「研修の効果は受講者の行動変容によって測られる」と述べていました。

人に対する関心を強めるためには、ビジネス書を読むだけではなく、哲学や文学、古典芸能などの分野にふれることも大事でしょう。カゴメＣＨＯ（常務執行役員）の有沢正人さんは、流行りのエンターテインメントがあれば見に行くように習慣づけているそうですし、街の人気スポットをのぞいてみるのも、人間の心理や行動について学ぶ機会になります。

最近は各種講演やセミナーのネット配信が充実しており、時間の制約を受けずに視聴できるメリットを享受できますが、「この人は魅力的だな」と思う人がいたら、面談を申し込み、できれば食事をご一緒しながら話を聞いてみるのもよいでしょう。前章でもお話しした通り、社外のネットワークを拡大、維持していくためには、自身も魅力的な人間であり続ける必要がありますし、出会いはさらなる自己学習の動機を生み出します。

そうやって好奇心を持ち続け、現状を当たり前と信じ込まずに事象の裏側にあるものを追求しようとする姿勢こそが、人事リーダーや人事担当者にとっての学びだと私は思っています。「これが正解だ」と結論を出して安心感に浸っていると、学びはその時点で終わってしまうでしょう。

これからも、私たちを取り巻く外部環境には多様な変化が生じ、その変化のスピードは速くなると思われます。この状況に対して私たちは、将来を洞察する Zoom Out の視点を持ち、そこから得たインプット（学び）をもとに、足元の現実と一人ひとりの状況にZoom Inの視点で注意深く目配りし、適切な判断とタイムリーな対応をしていくこと（実践）が求められます。まさに、学びと実践のサイクルを率先垂範する必要があると痛感しています。そのサイクルを継続することで、「人事変革ストーリー」の次のフェーズへの挑戦が始まると思っています。

終章

私の「転職論」

転職の成否は本人次第

近年、日本のビジネスパーソンの間で、「転職」は身近な選択肢になりました。転職者の数は徐々にではあるものの増えていて、企業各社はキャリア採用に積極的に取り組んでいます。巷《ちまた》にも転職エージェントの広告があふれており、若いZ世代の中には、新卒で大企業に入社した後も常に転職を念頭に置きながら働く人が少なくないと聞きます。

ロート製薬でも２０２２年に20人ほどのキャリア採用者を迎え入れました。会社ではその人たちを対象に特別研修を実施することになり、複数回転職を経験した私が講師を務めました。以下にその内容を紹介しつつ、本書を締めくくりたいと思います。

ビジネスパーソンが転職を決断する動機はさまざまです。チャレンジの機会が欲しい。もっと成長したい。より広い職責で活躍したい。より高い報酬を得たい。将来性のある会社で働きたい。魅力的な職場で働きたい。家族のサポートが得られやすい仕事に就きたい。他にもいろいろ挙げられるでしょう。

しかし、そうした十人十色の動機によって選択される転職が、期待通りの結果をもたらすかどうかは本人次第の面があります。受け入れる会社側の努力やサポートも非常に大切ですが、ハッピーな転職が実現するかどうかは、転職者の心構えや自身のキャリアとの向き合い方にかかっています。

その理由を以下に述べます。

① 新たな職場の人たちは転職者の過去を知らない

まず転職者は往々にして、「新たな職場の人たちは自分のことをよく知っているに違いない」と思いがちです。特にベテランの人たちはそういう傾向にあります。

しかし、それは大きな勘違いです。会社側や人事は、採用活動を通じて転職者の経歴や能力・資質をある程度把握していますが、それらは表面的、断片的な情報にすぎません。ましてや新たな職場の人たちは転職者の過去の実績をほとんど知りませんし、本人の前職での仕事ぶりや成果を見たこともありません。

だから、転職者は実績をゼロから一つひとつ重ねて、周囲の信頼を獲得していく必要があるわけですが、そこをわかっていない人がしばしば見られます。

最も不幸なパターンは、「三つのA」を不用意に口にしてしまうことです。前職での経験を「あのときは」「あの会社では」「あの人たちは」というふうに話すと、過去をひけらかしているように聞こえ、職場の人たちを嫌な気持ちにさせてしまいます。能力は高いのに、この三つのAという落とし穴にハマって、転職先になかなか馴染めない人を私は何人か目にしてきました。

② 転職者本人も新たな職場のことを知らない

転職者本人も新たな職場のことをよく知りません。

私自身も転職するにあたっては、できる範囲でいろいろとその会社のことを調べましたが、すべてを知り尽くして入社したわけではありません。実際に働き始めてから、その会社の制度や習慣を知り、「なぜ?」「どうして?」と戸惑いや違和感をおぼえることもありました。

けれども、企業にはそれぞれ歩んできた道のりがあり、継承されてきたことには継承されるだけの意味が必ずあるものです。だから、転職者は初めて知った制度や習慣にすぐには共感できなくても、それが継承されてきた意味を自分で考えるべきでしょう。戸惑いや違和感を口に出して言うのは簡単ですが、そういう態度をとってばかりいたのでは、新たな仲間たちとの信頼関係が築けませんし、「この会社で周囲のメンバーとともに働く気がないのか」

と疑われてしまいます。

転職先企業で継承されてきた制度や習慣の意味を理解するにあたっては、「自分の軸」を持つことも大切です。周囲の人たちの振る舞い方を「変だ」とか「おかしい」などと決めつけずに、「どうしてそういうことをしているのか」というふうに客観視するために必要なのが自分の軸です。

③ 転職者は「新たな要素」を期待されている

転職の成否が本人次第なのは、転職者が「従来は社内になかった新たな要素」としての役割を果たすことを期待されているからでもあります。その役割を理解し、十分に果たすためには、一刻も早く新たな仲間たちと「同じ船」に乗る覚悟を決め、ともによりよい方向に前進していけるように努力しなくてはなりません。その中で、将来に向けて変化すべきことがあると思ったら、思い切って提案することが大事です。

また、そうした努力を実らせるためには、「評価」より「評判」を高めるように心がけることも大事です。評価は業績を数値化しただけのものですが、評判は「あの人はほかの人にできない仕事をしている」とか、「あの人は人間的に信頼できる」とか「あの人はしっかりした価値観を持って働いている」といった声となって社内外に広がっていきます。定年後のセカンドキャリアを考える際にカギとなるのも、評価より評判です。

葛藤をどう乗り越えるか

本書では、複業や兼業を越境学習の観点から分析してきましたが、転職もまた越境学習の機会です。ただ、複業・兼業はホームとアウェイの往還によって得られる学びですが、転職はホームからアウェイに越境した後、アウェイを新たなホームに変えなくてはなりません。当然、そのプロセスにおいては、過去のやり方や考え方が通用しないとか、新たな職場のやり方や考え方に慣れないといった葛藤を抱くことになりますが、葛藤が大きいからこそ、得られる学びも多いと言えます。

では、そういう葛藤はどうすれば乗り越えられるのでしょうか。

私自身の経験に照らして言えば、転職は「自分は何者か（Who am I ?）」を深く掘り下げるところから始まります。自分は何をしたいのか、何を求めて仕事に向き合っているのかを改めてよく考え、個人パーパスを自覚し直して新たな仕事に臨む必要があります。

また、新たな職場で活躍するためには、チャレンジする意欲を最大限に高め、自分が仕事を通じて社会に提供できる価値を見極めなくてはなりません。

管理職や経営幹部といったポジションで転職する場合には、プロフェッショナルとしてビジネス全体を俯瞰し、顧客志向・経営者視点で業務を遂行することも求められます。

ひと言で言えば、転職とは「自分ブランド」を再構築するプロセスであり、それが実現したとき、葛藤は学びに変わり、アウェイはホームに変わっているはずです。

少し脱線するのをお許しください。

2022年のサッカー・ワールドカップは大いに盛り上がりました。私もにわかファンの一人として日本代表の試合をテレビで観戦し、選手たちに声援を送りました。

特に印象に残ったのは、グループリーグ突破を決めたスペイン戦で、堂安律選手がペナルティエリア右手前からミドルシュートを放ち、同点ゴールを決めたシーンでした。

試合終了後のインタビューで、堂安選手は「あそこは俺のコースなので。あそこで持てば絶対打ってやるって決めてたので。思い切って打ちました」と自身のプレーを振り返りました。

その日のNHKのダイジェスト番組では、試合結果を受けて東京・新橋の飲み屋街で街頭インタビューを行っており、堂安選手の発言に注目して「自分もああいうことを言ってみたい」などとうらやましがる男性ビジネスパーソンたちの声を伝えていました。

私はＮＨＫの取材力に感心するとともに、堂安選手が言う「俺のコース」に当たるものを世のビジネスパーソンも欲しがっているのだと知って感慨をおぼえました。自分が得意としていて、やれば成果を出せる自信があり、それが自分の差別化につながっている、そんなタスクなり領域なりがわかっていればもっと活躍できるのに、なかなか見つけられない。そんなもどかしい思いを抱えている人たちは案外多いのかもしれません。

ただ、堂安選手は何の努力も苦労もせずに「俺のコース」を見つけたわけではないようです。後日、民放のニュース番組に出演したとき、堂安選手はこんなふうに語っています。

「このコースは世界で一番練習しているし、ボールを見なくても打てるくらいこのコースは練習しているので、まさに堂安律のコースだと思っている」

もちろん生まれながらの才能もあるのでしょうが、堂安選手も苦労や努力を重ね、国内のチームからヨーロッパのチームに移籍するといった越境も経験していく中で、自分が最も得意とするコースを確立したのです。

だとしたら、世のビジネスパーソンも堂安選手をうらやましがるだけでなく、自分なりに努力を積み上げていくべきなのかもしれません。そうすれば、いつか「自分のコース」を見つけられるはずです。そのために私たちは長期間働いていると言ってもいいでしょう。

パラドクスを備えたリーダーへの一歩

最近、私は、越境学習をともなう転職、複業や兼業は「新しい形のリーダーシップ」を身につける第一歩になる可能性があるのではないかとも考えています。

ハーバード・ビジネススクールのマイケル・ポーターと共に社会貢献活動のコンサルティングファームＦＳＧ（Foundation Strategy Group）を立ち上げたマーク・Ｒ・クラマーは、ＦＳＧ取締役のジョン・カニアとの共著論文で「コレクティブ・インパクト」という概念を提唱しました。これは、企業、行政、ＮＧＯ、地域社会など多様なセクターの人たちが互いに境界を越え、強みやノウハウを持ち寄って課題解決や社会変革を目指すアプローチを指す言葉です。

ＳＤＧｓの達成を支援しているコンサルティングファームPwC Japanグループでは、このコレクティブ・インパクトを生み出していくために欠かせないのが「新しい形のリーダーシップ」だと指摘しており、その資質を「六つのパラドクス」と呼んで次のように定義しています。

◆グローバル思考のローカリスト
◆清廉な策士
◆謙虚なヒーロー
◆戦略的な実行者
◆テクノロジーに精通したヒューマニスト
◆伝統を尊重するイノベーター

こうした一見相反するような資質を兼ね備えたリーダーが、さまざまな視点で状況をとらえ直しながら、柔軟かつスピーディに組織をリードしていくべきだとPwC Japanグループのコンサルタントたちは説いています。

私自身は、この六つのパラドクスは、早稲田大学ビジネススクールの入山章栄《あきえ》教授がイノベーション創出のカギとして注目している「イントラパーソナル・ダイバーシティ（個人内多様性)」に通じる資質だと解釈しており、今後はビジネス全般に当てはまるリーダーシップの形になっていくだろうと見ています。そして、これらの資質を磨いていくために役立つのが、転職や複業・兼業、または本業の中での今までと異なる新たな領域での挑戦といった越境学習の機会だと思っています。

葛藤を経て既存の価値観から脱却する経験を通じて、多様な視点を持つ多元的な個人へと進化したリーダーが、目の前の一見矛盾した状況を受け止め、昇華させることによってイノベーションを起こす。そんなリーダーシップのあり方が将来的には求められるようになっていくのでしょう。

おわりに

ここまでお読みくださりありがとうございました。本書の前半では、私自身が歩んできた人事キャリアを振り返りながら、複数の外資企業、そして日本企業で経験した人事制度改定の取り組みをご紹介してきました。それぞれの時代背景と各企業の戦略の特徴から、どのような人事変革ストーリーを創出していったかを共有していただけたのではないかと思います。

本書の後半では、人事における重要なテーマを、単に流行に終わらせず、サステナブルな形で進化させるために、「何を変え、何を変えないか」の施策の軸について私なりの見解を述べてきました。もちろん、課題は残っていて、これからが本番だと考えています。

最後に、将来に向けて私が思うところを書かせていただいて、本書を締めくくりたいと思います。

私が今強く感じているのは、働く個人の位置づけが、これまでにないほどの変化の中にあるということです。本書をお読みくださった方も、それは肌で実感しているのではないでしょうか。将来の予測が困難な時代と言われていますが、受け身ではなく、変化に好奇心をもって取り組むことが大事であると次世代に伝えていきたいと思っています。

「滅私奉公《めっしほうこう》」という言葉は、最近はあまり耳にしなくなったので、もしかしたら若い方は知らないかもしれません。「滅私奉公」とは、自分の欲をなくして、公（組織やコミュニティ、国など）のために尽くすという意味です。

1980年代の後半、「24時間戦えますか?」というCMが一世を風靡《ふうび》しましたが、かつては私生活を犠牲にして、夢中で会社のため、国のために働くことを誇りに思っていたような風潮があったのです。今ではライフ・ワーク・バランスの浸透や、男性の育児休暇の取得率が上がったことにも象徴されるように、「滅私」という考えは過去のものになっています。むしろ、個を大切にした「有私」こそ、組織で必要なポジションの空白を埋め、組織内のダイバーシティを高め、新たな価値の創造につながっていきます。

では、「奉公」はどうでしょうか。私は、この考え方は、現代の若い人にもあるのではないかと思っています。今の10代や20代は「SDGsネイティブ」などと呼ばれますが、彼らと接していると、「世のため人のため」に働くからこそ生きがいを見いだすことができるのだと教えてもらっているようにも感じます。人は、自分のためだけを考えていては、自分のポテンシャルを十分に発揮できないのかもしれません。つまり、今大事なのは"For Others"、世のために、個人の特性や価値観を発揮すること、つまり多様な「個」と「世」を結びつけることが新たな価値を生み出すうえで重要になってきているように思います。

ただし、単に多様性が尊重されればいいということではありません。個の重視は、多様性を生み出す一方で、自分の考えや行動に責任を持つことにもつながります。特に仕事の場で重要なのは、自分の考えだけにとらわれず、他人の考えに関心を持ち、今までやってきたことにとらわれず、新しいことにチャレンジすることです。そして、変化していく社会環境に好奇心を持って柔軟に挑んでいくこと。それを組織が支援するとき、個が強くなり、組織も強くなっていくのだと私は考えます。

おそらく、変化の激しい時代に仕事を楽しむカギは「前向きな自己否定」にあるのでしょう。人は実績を積むと、それが成功体験となって自分の殻を破るのが難しくなる生き物です。ただ、成功体験にとらわれたままでいると、変化に対応しにくくなります。今までつくり上げてきた自分の軸は大事にしながらも、自分の殻を破り、前向きに自己否定しながら新しい軸をつくっていってほしいですし、前向きな自己否定こそリスキリングの本質です。

前向きな自己否定のチャンスを積極的につかまえましょう。組織で働いていれば、誰もが人間関係に悩むものです。また、予期せぬ事態が発生したり、不条理なことも多かったりと、必ずしもハッピーな毎日を送れるわけではありません。しかし、組織の中で直面する苦境こそ、前向きな自己否定をするチャンスととらえてほしいと思います。おそらく、みなさんも自分の人生を振り返ったときに、さまざまな苦境を機に自分の何かを捨て、新たに何かを身につけ、そして新たな道に進んだときに新たな地平が見えたという経験をお持ちではないかと思います。

一人ひとりの「個」を大切にしながら、その前向きな自己否定を可能にする組織が今求められているということです。

もちろん、組織、特に人事をめぐる将来の変化要因は多様であり、不透明でもあるので、予測するのは非常に困難です。人口減少による労働力不足、外国人就労者の問題、ＡＩの発展や、各企業で進むサステナビリティ経営による高度な専門性を持った人材の確保、等々。こうした実情を考えると、これまでの終身雇用を前提とした就労形態から、プロジェクト型の短期雇用も今後の人材戦略を考えるうえで大きな柱になっていくでしょう。

このような大きな変化要因があるからこそ、組織内の仕事や人事のリ・デザインが必要になるわけです。時代の大変化の中で、人生の貴重な時間を意味のあるものにするためにも、私は個人と組織がともに成長して進化できることについて今後も考えていきます。自分自身も、働くことを中心に人の生き方を考える、人事・人材関係の仕事に就かせていただいたことを役得と考え、これからもみなさんと意見交換をしながら、次のフェーズの人事変革ジャーニーに旅立とうと思っております。

最後になりますが、人事担当者としての自分自身の歩みを振り返ることができた今回の出版の機会に感謝しております。

特に、刊行に際して、ライターの秋山基さんと光文社新書編集部の小松現さんには足掛け4年ほど付き合っていただき、さまざまなサポートをいただきました。心から御礼申し上げます。

また、この4年間、人事や人材が経営の主要なテーマとなる中で、多くの先生方と意見交換をさせていただいたことで、さまざまな示唆をいただきました。特に、一橋大学の伊藤邦雄先生、学習院大学の守島基博先生、味の素時代からお世話になった名和高司先生、ロート製薬の社外取締役の入山章栄先生、また、人事界の大先輩である八木洋介氏には格別の感謝の意をお伝えします。

そして、この4年、いや40年間、職業人生をしぶとく続けてこられたのは、お世話になった各社の先輩や同僚のみなさん、人事界の戦友的な仲間たち、そして、夫、息子を含む家族、こうした多くの人たちのサポートがあったおかげと感謝しています。ありがとうございました。

高倉千春

2023年9月

取材・構成　秋山 基
編集協力　宇津木聡史
本文図版制作　デザイン・プレイス・デマンド

高倉千春（たかくらちはる）

高倉 &Company 合同会社共同代表。津田塾大学（国際関係学科）卒業。1983 年、農林水産省入省。'90 年にフルブライト奨学生として米国ジョージタウン大学へ留学し MBA を取得。帰国後、コンサルティング会社で新規事業、組織開発に関するプロジェクトを担当。その後、'99 年、ファイザー、2004 年、ベクトン・ディッキンソン、'06 年、ノバルティスファーマで人事部門の要職を歴任。'14 年より味の素理事・グローバル人事部長としてグローバル人事制度を構築、展開。'20 年よりロート製薬取締役、'22 年、同社 CHRO（最高人事責任者）に就任。'23 年現在、ロート製薬戦略アドバイザー、日本特殊陶業、野村不動産ホールディングス、三井住友海上火災保険で社外取締役を務める。

人《じん》事《じ》変革《へんかく》ストーリー　個《こ》と組織《そしき》「共進化《きょうしんか》」の時代《じだい》

2023年10月30日初版 1 刷発行

著　者 ―― 高倉千春
発行者 ―― 三宅貴久
装　幀 ―― アラン・チャン
印刷所 ―― 堀内印刷
製本所 ―― ナショナル製本
発行所 ―― 株式会社光文社
東京都文京区音羽 1-16-6（〒112-8011）
https://www.kobunsha.com/
電　話 ―― 編集部 03（5395）8289　書籍販売部 03（5395）8116
業務部 03（5395）8125
メール ―― sinsyo@kobunsha.com

ISBN 978-4-334-10088-9

1255
定年前と定年後の働き方
サードエイジを生きる思考
石山恒貴

定年前と定年後の働き方は、個人の思考ひとつで大きく変わる――。この時期を、どう働き、どう過ごし、どう生きるのか。幸福な働き方を実現する思考法を、研究理論と実例から探る。

978-4-334-04662-0

1256
編集者の読書論
面白い本の見つけ方、教えます
駒井稔

古典新訳文庫創刊編集長が綴《つづ》る気取らぬ読書論。話題は海外の書店や出版社、作家、歴史的人物、古典、短編、児童書へと縦横無尽に広がり、未読の本の存在にわくわくすること間違いなし！

978-4-334-04663-7

1257
超遺伝子《スーパージーン》
藤原晴彦

生き物の不思議を司る超遺伝子。メスの一部だけが擬態するナガサキアゲハなど、ダーウィンとウォレスが残した謎を解き明かして見えてきた、遺伝学の新たなフロンティアに迫る。

978-4-334-04664-4

1258
理想の職場マネージメント
一軍監督の仕事
髙津臣吾

個性豊かな選手がひとつの方向を向くチームをつくるには？セ・リーグ連覇、交流戦優勝、ゆとりローテーション、言葉の力――球界に革新を起こす名将が自らのマネージメント手法を語る。

978-4-334-04665-1

1259
参議院
倉山満

参議院を制する者が日本の政治を制する――。参議院とはいかなる存在なのか。誕生の背景から歴代政権のスタンス、そして現代日本政治まで、憲法学、政治学、歴史学の視点で検証。

978-4-334-04666-8

1260

東大生のジレンマ
エリートと最高学府の変容

中村正史

急増する休学者に、急進的な起業志向――保守的なはずの東大で、あえて「レール」を踏み外す学生が増えている理由とは？ 激変する東大と東大生の「今」を、当事者たちの声が浮き彫りにする。

978-4-334-04667-5

1261

宇宙・0・無限大

谷口義明

私たちの想像が及ばないほど広大な宇宙は無限の大きさを持つのか。また、この宇宙に0となる物理量は存在するのか。シンプルながらも深遠な問いに天文学者が果敢に挑む一冊。

978-4-334-04668-2

1262

世界視点で読む
企業戦略とアート

上坂真人

なぜ世界のトップ企業は事業としてアートに投資するのか。日本には何が欠けているのか。ビジネスとしてのアートの役割と活用法を、豊富な事例とデータから分析・提言する。

978-4-334-04669-9

1263

教養を磨く
宇宙論、歴史観から、話術、人間力まで

田坂広志

哲学の究極の問い／「運命」とは何か／「人生百年時代」の覚悟／「死」とは何か／二一世紀の「利他主義」――教養とは答えの無い問いを問い続ける力。21世紀の「新たな教養」論。

978-4-334-04670-5

1264

戦時下のウクライナを歩く

岡野直

突如始まったロシアによるウクライナ侵攻。破壊された街で、失われた日常に、そこに生きる人たちは何を思うのか。ジャーナリストが歩いて、見て、聞いた、市民による〝戦い〟の記録。

978-4-334-04671-2

1265
アフガニスタンの素顔
「文明の十字路」の肖像
青木健太

カブール陥落から2年——タリバン統治の実態は？　女性の権利は？　和平実現への道筋は？　そして日本が果たすべき役割は？　激変するアフガニスタン社会を広く深くリポート。

978-4-334-04672-9

1266
生理痛は病気です
邱紅梅

「我慢してやり過ごす」はNG！　日本女性の生理が社会の犠牲になっていること、その先に待ち受けるリスクを解説。原因を根本から解決する「養生」の方法を中医学をベースに伝える。

978-4-334-04673-6

1267
ChatGPTの全貌
何がすごくて、何が危険なのか？
岡嶋裕史

ChatGPTと上手に付き合う方法を学び、その能力を最大限引き出すには？　基礎知識からクリエイティビティ、今後の進化、人類の未来への影響までわかりやすく解説。

978-4-334-10013-1

1268
アートとフェミニズムは誰のもの？
村上由鶴

「みんなのもの」になろうとするエネルギーを持っているアートとフェミニズム。両者に対する理解の断絶が進んでいる現在の状況に風穴を開けるには？　美学研究者による新しい試み。

978-4-334-10014-8

1269
不自由な社会で自由に生きる
「自由論」講義録
ウスビ・サコ編

社会は自由なように見えて、昔も今も違う形で不自由だ。宗教、表現、芸術、性、公共、そして私自身——。私たちを縛るものを知り、自由をつかみとるための8つのレッスン。

978-4-334-10015-5

光文社新書

1270
まんが
押川先生、「抗がん剤は危ない」って本当ですか？
押川勝太郎
おちゃずけ
怖いのは、闘う相手の正体を知らないから——治療の不安、医師との関係、お金、患者会、食事、周囲の人の心得など様々な疑問に、ＹｏｕＴｕｂｅで活躍の腫瘍内科医がまんがで答えます。
978-4-334-10016-2

1271
結婚しても一人
自分の人生を生ききる
下重暁子
しょせん、夫婦は他人——。大事なことは「求めない」「期待しない」etc. 夫婦がストレスなく暮らしていくためのヒントとは。50年続いた結婚生活と87年の人生を振り返りながら綴る。
978-4-334-10017-9

1272
日本のコミュニケーションを診る
遠慮・建前・気疲れ社会
パントー・フランチェスコ
本音と建前、過剰な遠慮、「キャラ」の空疎な会話。『アニメ療法《セラピー》』著者のイタリア人精神科医が、日本社会の独特なコミュニケーションによって心身を害する危険性に警鐘を鳴らす。
978-4-334-10066-7

1273
新書100冊
視野を広げる読書
高橋昌一郎
いま、何を読んでおくべきなのか？ 今日のニュースの背景から、あの学問の最先端まで。多彩な分野のエッセンスを、この1冊に凝縮。「知」の足場を築くための珠玉のブックガイド。
978-4-334-10067-4

1274
恋愛結婚の終焉
牛窪恵
恋人は欲しくない？ 恋愛は面倒？——でも、結婚はしたい!? 改善されない未婚化と少子化の真の原因はどこにあるのか。昭和の常識から脱却し、「共創結婚」の重要性を検証・提案する。
978-4-334-10068-1

1275
朝、起きられない病
起立性調節障害と栄養の関係
今西康次

「だるさや頭痛、吐き気で起きられない」…中高生の1割が悩む起立性調節障害を栄養の観点から治療・改善させている医師が、発達に必要な栄養や周囲の対応について症例を交え解説。

978-4-334-10069-8

1276
人事変革ストーリー
個と組織「共進化」の時代
髙倉千春

個が活きる組織とは——。複数の外資企業や日本企業で戦略人事や人事制度改革に取り組んできた人事のプロフェッショナルが、これからの日本企業に求められる「新たな知恵」を示す。

978-4-334-10088-9

1277
愛とラブソングの哲学
源河亨

この世はなぜラブソングであふれている⁉ 共感できるから？ 愛が普遍的だから？ 生物学・脳科学・歴史学・社会学など様々な学問を駆使して、哲学研究者が問いの答えに迫る。

978-4-334-10089-6

1278
ワクチンを学び直す
岩田健太郎

効果、安全性、種類、活用法——最新の動きに加え、予防接種制度や海外のワクチンも含めたワクチン接種の全体像を、感染症の専門家が分かりやすく解説。今こそ、正しい知識を！

978-4-334-10090-2

1279
日本企業はなぜ「強み」を捨てるのか
増補改訂版『日本〝式〟経営の逆襲』
岩尾俊兵

「カネよりヒト」のスタイルこそ日本企業の強みだったが、自らその姿勢を手放してしまったのはなぜか。東大初の経営学博士号を取得した気鋭の経営学者が説く、日本経済復活への道。

978-4-334-10091-9